[中华历史文化名楼]

蓬莱阁

寇润平 编著

文物出版社

图书在版编目（CIP）数据

蓬莱阁 / 寇润平编著. —北京：文物出版社，2012.9
（2018.12重印）
（中华历史文化名楼）

ISBN 978-7-5010-3564-9

Ⅰ.①蓬… Ⅱ.①寇… Ⅲ.①楼阁—名胜古迹—介绍—
蓬莱市 Ⅳ.①K928.74

中国版本图书馆CIP数据核字（2012）第225296号

中华历史文化名楼

蓬莱阁

编　　著：寇润平
责任编辑：肖大桂
重印编辑：李　睿
责任印制：梁秋卉
封面设计：薛　宇

出版发行：文物出版社
社　　址：北京市东直门内北小街2号楼
邮　　编：100007
网　　址：http://www.wenwu.com
邮　　箱：web@wenwu.com
经　　销：新华书店
印　　刷：文物出版社印刷厂
开　　本：787×1092　1/16
印　　张：9.75
版　　次：2012年9月第1版
印　　次：2018年12月第2次印刷
书　　号：ISBN 978-7-5010-3564-9
定　　价：48.00元

《中华历史文化名楼》丛书编辑委员会

目　录

20 世纪 70 年代末蓬莱水城及蓬莱阁

高阁乘风观赤山碧水吞吐云烟乾坤自在
丹崖泛舟任东坡南塘送迎时序万世从容

　　蓬莱阁突兀高峻，地处山海之间，其海天一色的自然景观、虚无缥缈的海市蜃楼、家喻户晓的八仙传说、人间仙境的美好寄寓，历来为文人墨客所推崇，世间游人所向往。蓬莱阁历近千载，人文历史内涵丰富，是蓬莱祖先留给后世的宝贵财富。

　　新中国成立以前，蓬莱阁信史从志。20世纪60年代初，始有葛家修所撰《蓬莱阁志》。20世纪80年代以来，另有蓬莱县（市）政府史志编纂委员会办公室所编纂的《蓬莱阁志》，版本有三，均以旧修《登州府志》、《蓬莱县志》为蓝本，简约汇编，以飨读者，时至今日已十年有余。

　　本书集目前所见最早明泰昌版《登州府志》中有关蓬莱阁的著述，依此审视后来的各版本府志、县志、阁志。通过综合查阅到的各类史书资料，依文物体例记叙蓬莱阁古建筑等，力求读者一卷在手，情景交融，物我两忘。乃至未登临此阁者，亦可精骛八极，心游万仞。

　　进入新千年，蓬莱阁致力于景区开发建设，小海清淤、民居拆迁、复建城墙、恢复旧观，一批新景点相继建成开放，蓬莱阁旅游发展日臻成熟。盛世今朝，系统挖掘、整理蓬莱阁历史文化愈显紧要，诚为坐职守土当务之责。《中华历史文化名楼丛书》的结集出版，恰为我们传播、弘扬蓬莱阁历史文化提供了良好的契机与平台。

　　古人有道："乘之愈往，识之愈真。如将不尽，与古为新。"
　　值《中华历史文化名楼·蓬莱阁》付梓之际，书文以为序。

寇润平

2011 年 12 月 20 日

2010 年蓬莱水城及蓬莱阁

沧溟倒浸红楼影　通衢四达尘埃静　（明）薛瑄

极目扶桑千万里　茫茫知有海天宽　（明）黄克缵

蓬莱踪迹半虚真　杰阁峨峨俨若神　（明）陶朗先

照水晚烟曳匹练　衔山落日悬钲铜　（清）何凌汉

概　述

　　蓬莱阁是全国重点文物保护单位，中国古代四大名楼之一。其"八仙过海"的传说和"海市蜃楼"奇观享誉海内外。自1980年开放以来，蓬莱阁历经三十多年的蓬勃发展，如今已成为占地10.5平方公里，以神仙文化、精武文化、港口文化和海洋文化为底蕴，以"山"、"海"、"城"、"阁"为格局，包含蓬莱阁古建筑群、蓬莱水城、戚继光故里、田横山等20余处景点，融自然风光、历史名胜、人文景观于一体的国家重点风景名胜区、国家首批5A级旅游景区。

　　蓬莱梦幻缥缈，在海一方，是历史传说中的海上三神山之一。当年，秦皇汉武希冀长生寻觅其境，八仙得道漂洋过海欲往其间，至今蓬莱还留有他们许多的神迹和传说。北宋嘉祐年间，登州太守朱处约始建蓬莱阁，将虚无缥缈的仙山蓬莱，变为现实可见的人间仙境。他要让世人在"听览之间，恍不知神仙之蓬莱也，乃人世之蓬莱也"。地处丹崖山巅的蓬莱阁，包括蓬莱阁、天后宫、龙王宫、三清殿、吕祖殿、弥陀寺等六组建筑单体，

楼台殿阁一百余间。在这里道观、佛寺同居一地，和谐相处。整个建筑群拔地而起，与浩渺的碧海相映，云烟缭绕，构成了一幅"仙阁凌空"的美丽画卷。蓬莱海市古有盛名，一代文豪苏东坡以如椽之笔，在《海市诗》中写下"东方云海空复空，群仙出没空明中"的诗句，为蓬莱仙境再添重彩。这里历代文人荟萃，碑刻琳琅满目，有宋代大书法家苏东坡的卧碑真迹《书吴道子画后》，明代书法家董其昌手书《甲子仲夏登署中楼观海市》诗刻石，还有清代书法家翁方纲、铁保等人的手迹，翰墨流传，更为海山增色。

蓬莱阁下的水城古港，是中国古代海防建筑的杰出代表。水城城墙高耸，城墙上敌台错落，城楼巍巍；城内港口设施齐备，北有水门控制海上船只往来，其间设置闸门，两侧设有炮台，驻兵守卫，形成了一个进可攻，退可守的防御体系。水城是一处独具特色的海防要塞，也是我国至今保存最完整的古代海军基地。而今水城中恢复了备倭都司府、兵营、校场等明代军事机构设施，并新建蓬莱古船博物馆。放任思绪游走其间，海防要塞之险、港口建筑之奇、水师阵容之盛、武备军械之精，让人回味无穷。

戚继光故里是明代著名军事家、民族英雄戚继光生活和成长的地方。戚继光戎马一生，转战南北，抗击倭寇，抵御鞑靼，所向无敌，威名远扬。他不仅是一位功勋卓著的抗倭名将，而且是著述丰富的军事理论家，还是一位才华横溢的诗人，其"封侯非我意，但愿海波平"的爱国情怀至今为人们所称道。戚继光故里历经四百余年沧桑，其中两座赐建石牌坊"母子节孝"坊和"父子总督"坊，气势雄伟，雕镂精细，构图丰满，内涵丰富，是明代建筑艺术的典范之作。

田横山地处蓬莱阁西，它临海孤标地势险要，自古即为军事要塞。据

史料记载，战国时期群雄并起，齐王后裔田横曾率五百壮士在此安营扎寨隔水拒汉，他傲视生死、不甘臣服的气节与壮举为后世所敬仰。山上分布着田横寨遗址、烽火台、合海亭、黄渤海分界坐标等景点。在此可"朝看黄海日出，暮赏渤海日落"。最具特色的田横栈道，濒海凌空而架，横亘悬崖峭壁，游人穿行其中，犹如飞檐走壁，堪称一绝。

蓬莱旅游与临港工业、汽车及零部件制造、葡萄种植及葡萄酒酿造已成为蓬莱市四大支柱产业。2011 年，蓬莱阁景区游客达到 119 万人次，门票收入突破亿元，旅游综合收入达到 1.15 亿元。明天的蓬莱阁，将不负历史之厚予，人民之厚爱，借古典名楼之佳冠，乘朗朗乾坤之盛世，再创辉煌，更上层楼。

人间仙境蓬莱阁

第一章　人间第一楼——蓬莱阁

　　蓬莱阁古建筑群是蓬莱阁景区的主体部分，由蓬莱阁、天后宫、龙王宫、三清殿、吕祖殿、弥陀寺等六组建筑单体和附属建筑组成的规模宏大的建筑群，占地面积32800平方米，建筑面积18900平方米。整个古建筑群亭、台、楼、阁因山就势、错落有致、古朴典雅，寺庙园林交相辉映、分布得宜、协调壮观。

蓬莱阁古建筑群

蓬莱阁建筑群所在的丹崖山上，唐贞观年间（627—649年）便建有龙王庙和弥陀寺，北宋嘉祐年间（1056—1063年）建起蓬莱阁，明、清两代历经数次大规模的增建与修缮，到清同治年间（1862—1874年）规模即与今日相仿。蓬莱阁历近千载，有着深厚的历史文化底蕴，是无比珍贵的文化遗产。1982年，蓬莱阁被国务院公布为全国重点文物保护单位，与岳阳楼、黄鹤楼、滕王阁并称为中国古代四大名楼。蓬莱阁是历代文人荟萃之地，碑刻匾额琳琅满目，其中北宋文学家苏轼《海市诗》和《书吴道子画后》卧碑、明书法家董其昌手书《甲子仲夏登署中楼观海市》碑刻、清书法家翁方纲手书《海市诗》石碑、清书法家铁保手书"蓬莱阁"匾额等古代文化瑰宝，为海山增色，为仙境添彩。

1. 人间蓬莱坊

人间蓬莱坊，位于蓬莱阁古建筑群入口处，建于1994年。面阔12米，进深2.5米，高7.5米，建筑面积30平方米。为四柱三间冲天式单檐牌坊，青砖正脊，筒瓦屋面。龙门枋上置九踩三昂斗拱，小额枋下设托斗雀替，施小点金旋子彩绘，龙锦枋心。方形立柱，柱侧设抱鼓石

人间蓬莱坊

护靠。正间悬挂"人间蓬莱"匾额，匾心蓝底金字，下饰海浪纹，边框雕饰精美的二龙戏珠图案。在人间蓬莱坊东西两侧各置一石狮，东为雄狮，脚踩绣球，西为雌狮，怀抱幼狮。

"人间蓬莱"四个鎏金大字，实为缀辑宋代大学士苏轼"人间饮酒未须嫌，归去蓬莱却无吃"中的文字而来。两侧立柱分别悬挂现代书画家刘海粟题写的"神奇壮观蓬莱阁，气势雄峻丹崖山"和现代书法家费新我题写的"碧海仙槎心神飞越，丹崖琼阁步履逍遥"楹联，游人入此坊可观琼楼玉宇的人间仙境。

2. 丹崖仙境坊

丹崖仙境坊，位于显灵门正南，面阔 9.1 米，进深 3 米，高 6 米，建筑面积 27 平方米。四柱三间三楼单檐牌坊，玲珑正脊，筒瓦屋面。施金线大点金旋子彩绘，二龙戏珠镂空雀替，柱侧设夹柱石。正间额题"丹崖仙境"四个鎏金大字，为 1964 年 8 月董必武副主席登阁时题写。正间设五踩斗拱，南侧昂为凤衔牡丹，北侧昂为金龙吐水。次间设一斗二升交麻叶斗拱。

丹崖仙境坊

丹崖仙境坊原名"丹崖胜境"牌坊，始建年代不详。清光绪末

年被毁，民国初年修复后，改名"丹崖仙境"坊，后又毁。1981年按清式风格恢复。丹崖山、蓬莱阁素有仙名，此坊即"仙境"之门，进入该坊便意味着置身仙境，可做神仙之游。

3. 蓬莱阁

蓬莱阁，坐落于临海的丹崖山巅，东邻三清殿，西接天后宫，北为深达36米的陡峭山崖。北宋嘉祐六年（1061年），登州郡守朱处约将建在丹崖山巅的广德王庙（即龙王庙）移往西侧（今龙王宫处），就原址建起蓬莱阁，为州人游览之所。蓬莱阁在明永乐十四年（1416年）、洪熙元年（1425年）、成化七年（1471年）、万历十七年（1589年）数次修缮，崇祯五年（1632年）"登州事变"，蓬莱阁损毁严重，崇祯九年（1636年）修缮。入清以后，又

蓬莱阁主阁

有嘉庆二十四年(1819年)、同治四年至同治六年（1865—1867年）两次大的增建与修缮。民国期间饱受战乱。新中国成立后，1957年、1966年两次修缮，"文革"时期再次受到严重破坏。1986年、2001年先后进行两次大的修缮。

蓬莱阁现存主体建筑为清嘉庆年间修建，由主阁、东西厢房、东西配殿组成。

蓬莱阁主阁，俗称"大阁"，坐北朝南，面阔15.93米，进深10.8米，高11.55米，两层建筑面积285.6平方米。三开间，四柱七檩五架梁，重檐歇山顶环廊式两层建筑。屋顶为绿琉璃正脊，筒瓦屋面，绿琉璃瓦剪边。

二楼回廊檐枋施龙草和玺彩绘，荷叶形雀替。正间前设隔扇门，门上悬挂"碧海春融"横匾，次间及东、西、北三面设隔扇窗。环廊外四面设万字纹木格栅栏，在东、西、北三面镶有隔扇窗，供游人凭栏观海。东、西两面设台阶，供游人上下楼。二楼室内梁、檩、枋均施苏式彩绘，内容为"蓬莱十大景"、"风竹图"、"八仙图"等。北侧悬挂清代著名书法家铁保题"蓬莱阁"匾额，字体雄健浑厚，是蓬莱阁历代匾额中的唯一实物遗存。南侧悬挂乌兰夫题"神州胜景"横匾。西侧悬挂董必武登蓬莱阁时留下的诗句"来游此地恰当时，海国秋风暑气吹。没有仙人有仙境，蓬莱阁上好题诗"及叶剑英题诗"蓬莱士女勤劳动，繁荣生活即神仙"。正中设吕洞宾、铁拐李、张果老、汉钟离、何仙姑、蓝采和、韩湘子、曹国舅八仙塑像，再现八仙过海前在蓬莱阁上开怀畅饮的精彩瞬间。

一楼正间设隔扇门，门上悬挂"浴日沐月"横匾，次间设隔扇窗。四周环廊檐枋上设一斗二升交麻叶斗拱，施金线大点金旋子彩绘，檐下正中悬挂"蓬莱阁"匾，檐柱悬挂楹联两副，分别是现代书法家欧阳中石撰联

蓬莱阁八仙塑像

并书"常称香港通海客，且看蓬莱会神仙"，现代书法家赖少其撰联并书"俯览大地出蓬莱，仰观海市生楼阁"。室内墙壁上为中国工艺美术大师周锦云制作的"八仙故事"瓯塑壁画。蓬莱阁后壁墙外嵌有清鲁琪光的《碧海清风》、托浑布的《海不扬波》、裕德的《寰海镜清》三方石刻。

蓬莱阁东、西厢房各三间，面阔 7.17 米，进深 3.96 米，均为二柱六檩六架梁，筒瓦卷棚顶木结构建筑。正间前设隔扇门，后设圆门，次间前设隔扇窗。东厢门上悬挂现代书法家马士达书"人寰仙界"匾，西厢门上悬挂现代书法家吴作人书"登阁成仙"匾。东、西厢房内壁镶嵌石刻 21 方，其中西厢"蓬莱十大景"石刻，荟萃了蓬莱名胜古迹的精华。

蓬莱阁东、西配殿坐北朝南,面阔6.16米,进深5.83米,均为三开间,二柱六檩六架梁,筒瓦卷棚顶木结构建筑。正间设隔扇门,次间设隔扇窗。东配殿原为刘公祠,至今门外东侧槛墙上仍有刘清《登州留别四首》刻石一方。西配殿原为长生祠,又称百世流芳室,其内有碑刻7方。

蓬莱阁前有33级青石台阶,台阶两侧置青石栏杆,望柱柱头雕刻莲花和卷云纹饰,寻杖与盆唇间雕饰荷叶净瓶,下为不镂空的华板。台阶东侧有两株酸枣树,树龄800余年。台阶下为一方形院落,东、西院墙设有院门,分别通往三清殿、天后宫,南侧院墙嵌有爱国将领冯玉祥书"碧海丹心"四字刻石。

丹崖山拔海而起,分外雄峻。高踞山巅的蓬莱阁,更有凌空而起的气势。这里山丹海碧,蓝天如洗,本就是一幅美不胜收的图画,再加上特殊的地理、气候,在惊涛拍岸之上常有雾霭漫漫,烟云缭绕,流丹滴翠的蓬莱阁犹如隐现在云霄中的琼楼玉宇,仿佛这里真的就是蓬莱仙境,让人不由发出这样的赞叹:"直上蓬莱阁,人间第一楼。"

瓯塑八仙壁画

4. 澄碧轩

澄碧轩，位于避风亭西北的丹崖临海处，坐西朝东。建于清同治六年（1867年）。面阔7.9米，进深4.54米，高5.05米，建筑面积35.9平方米。

澄碧轩

方米。三开间，三柱七檩六架梁，筒瓦卷棚顶前檐廊建筑，施苏式彩绘。正间前设隔扇门，后设隔扇窗，次间设隔扇窗。澄碧轩得名于清豫山《澄碧轩记》："稍增旧址，式筑新轩，藉云水光，得静深趣，惟澄斯静，惟碧愈深，以此名之。"其取义碧海澄清，天光水色，映室生辉，多有文人墨客于此观海、赋诗、作画。

避风亭

5. 避风亭

避风亭，位于蓬莱阁主阁西侧，坐南朝北，清乾隆版《续登州府志》对其即有记载，具体始建年代不详。该亭面阔8.17米，进深5.92米，高5.93米，建筑面积48.4平方米。三开间，二柱五檩五架梁，筒瓦硬山顶建筑，施旋子彩绘。正间设隔扇门，次间设隔扇窗。门上悬"避风亭"三字匾额，门两侧明柱"西北当风风力虽狂绝不入，开轩秉烛烛光固小竟常明"对联，为现代书法家欧阳中石书。

避风亭之所以被人们津津乐道，在于避风亭坐落在悬崖峭壁之上，面对着波涛翻滚的大海，每当大风从海面扑来，亭内却纹风不动，人们常为此惊叹不已。其实这是因为避风亭北面的城墙与呈弧形的悬崖相连，当北风吹来，气流顺悬崖城墙外壁急剧上升，越亭而过，风力越大，上升速度越快。加之避风亭东、南、西三面无门、无窗，空气不能形成对流，所以避风亭内就有了这神奇的避风效果。

避风亭是观海听涛、题咏抒怀的地方。亭内四壁镶嵌诗文碑刻30方，其中最有影响的为明天启年间登莱巡抚袁可立所作《甲子仲夏登署中楼观海市》诗石刻9方，描述海市最为生动精彩，书法出自明代著名书画

家董其昌之手，而刻字又是当时石刻高手温如玉的杰作，珠联璧合，堪称三绝，为金石之瑰宝。亭内另有明代吕祖石刻像，清代诗人施闰章的《观海市诗》手迹石刻和孔子后裔孔毓圻的《戊午登蓬莱阁》诗文石刻。

6. 卧碑亭

卧碑亭，位于蓬莱阁主阁东侧，建于清康熙三十一年至三十三年（1692—1694 年）。坐南朝北，面阔 7.09 米，进深 5.39 米，高 5.55 米，建筑面积 38.2 平方米。三开间，二柱五檩五架梁，筒瓦硬山顶建筑，施旋子彩绘。正间设隔扇门，次间设隔扇窗。亭内墙壁嵌有金、明、清石刻 7 方。

卧碑亭以其内有苏轼的《海市诗》横置碑刻而得名。卧碑长 2.17 米，高 0.92 米，正面刻《书吴道子画后》和《跋吴道子地狱变相》节录，背面刻著名的《海

卧碑亭与苏公祠

市诗》，为金皇统年间重勒。苏轼《海市诗》是较早的一首歌咏蓬莱海市的诗文，因出自一代文豪，文以人重，地以文传，蓬莱海市从此名扬天下。因此，镌刻苏公手迹的卧碑自然成为蓬莱阁上的文物珍品，也是游客观赏的热点。亭内另有清代龚葆琛联语"海市蜃楼皆幻影，忠臣孝子即神仙"等碑刻。

7. 苏公祠

苏公祠，西邻卧碑亭，南靠三清殿，东为宾日楼。苏公祠坐南朝北，面阔 10.1 米，进深 4.15 米，高 4.02 米，建筑面积 42 平方米。三开间，二柱六檩六架梁，筒瓦卷棚顶建筑，施旋子彩绘。正间设隔扇门，次间设隔扇窗。题额"苏公祠"，为现代书法家舒同所书。门两侧明柱悬挂"真临仙阁凌虚地，来读苏公海市诗"对联，为现代书法家赵朴初撰并书。祠内墙壁上悬挂苏轼刻像拓本（拓于广州六榕寺），西壁嵌有清代大书法家翁方纲书苏轼《海市诗》楷书刻石。另有明代薛瑄的《观海》等诗文石刻 28 方。

苏公祠始建于明崇祯十一年(1638 年)，原名"苏文忠祠"，位于蓬莱阁前，清同治六年（1867 年）移至蓬莱阁东侧并重修。

8. 吕祖像碑亭

吕祖像碑亭，位于苏公祠和宾日楼之间，坐南面北。筒瓦半坡式建筑，面阔 2.3 米，进深 1.8 米，高 3.8 米，建筑面积 4.1 平方米，内祀吕洞宾肖像刻石。吕祖像碑背面为明万历间李承勋所作《吕祖咏海市诗》。

吕祖像碑原位于蓬莱阁西侧，蓬莱阁旧有建筑吕公亭坍塌后，改为在望日楼内祭祀吕祖，其时将吕祖像碑移于今址并建亭。

9. 天后宫

天后宫，东临蓬莱阁，西接龙王宫。始建于北宋崇宁年间(1102—1106年)，宣和四年（1122年）即具四十八间规模。明万历七年（1579年）、崇祯九年（1636年）重修，清道光十六年(1836年)毁于火，今存建筑即为清道光十七年(1837年)重建，光绪六年（1880年）重修。天后宫主祀女性海神林默，传其为宋初福建莆田巡检林惟悫之女，殁后被尊为海神。宋时始封灵慧夫人，此后历代帝王多有敕封，至清康熙二十三年（1684年）加封为"天后"，北方俗称"海神娘娘"，南方习称"妈祖"。天后宫占地面积3000平方米，建筑面积913平方米，是蓬莱阁古建筑群中规模最大、殿宇数量最多的一组建筑，也是我国北方最大的天后宫庙宇之一。天后宫为规整的中轴对称布局，自南向北形成四进院落。

第一进院落较宽敞，由显灵门、钟鼓楼、戏楼、前殿组成，是举行祭祀海神活动的重要场所。

显灵门坐北朝南，面阔10.09米，进深3.14米，建筑面积31.7平方米。砖石砌筑拱券门洞三个，筒瓦屋面，庑殿顶，实榻大门。正中门洞额题"显灵"二字为清代书法家翟云升书。

钟楼、鼓楼位于显灵门内甬道的东、西两侧，为形制相同的歇山顶砖石结构建筑。面阔2.57米，进深2.57米，高5.22米，建筑面积6.6平方米。钟楼、鼓楼分别在东、西两面开门，其他三面设圆窗。钟楼、鼓楼北侧立有三块石碑：明万历七年（1579年）《重修天妃海庙碑记》、明万历十三年（1585年）《松石亭记》、清道光八年（1828年）《坤爻石记》。

戏楼位于院中央，面对天后宫前殿，由戏台和妆奁楼组成。1937年

戏楼

日军飞机投弹炸毁戏楼戏台，1959 年重修，1978 年再次翻修。

戏台坐南朝北，长 5.87 米，宽 5.38 米，建筑面积 31.6 平方米，筒瓦屋面，歇山卷棚顶建筑。戏台东、西、北三面设栏杆，檐下东、西、北三面设十根垂柱，垂柱间镶雕花板，浮雕贴金彩绘"梧桐双凤"、"鲤鱼跃龙门"、"犀牛望月"、"虎啸山林"、"鹿鹤同春"、"牡丹荷花"等寓意吉祥的图案，雕刻精湛，栩栩如生。戏台上方悬现代书画家黄苗子题匾额"观止矣"，戏台东西两侧设木门，供上下场所用，门楣上悬挂扇形小匾，匾上隶书"通性"、"移情"。戏台四角各有一根花岗岩石柱，北侧两根石柱阴刻有清末书法家卢用和书联"乐奏钧天潮汐声中喧岛屿，宫开碣石笙歌队里彻蓬瀛"。

妆奁楼北与戏台相接，面阔 10.3 米，进深 3.72 米，高 8.48 米，建筑面积 76.6 平方米。三开间，三柱五檩五架梁，硬山顶前廊式二层楼阁，

玲珑正脊，筒瓦屋面，旋子彩绘。一楼正间设棋盘大门，次间设隔扇窗，二楼设隔扇门。北侧次间及东西山墙设圆窗。

蓬莱旧俗，农历正月十六日是蓬莱阁传统的登高日，当地百姓把这一天也当做节日庆祝。每到这一天，人们相约相伴前往蓬莱阁登高，祈求新的一年有好的开端。而天后宫内最为热闹，人们进香膜拜，捐钱捐物，求签许愿，香火旺盛。民间团体还纷纷组织戏班、秧歌队，在天后宫对面的戏楼上给娘娘唱戏、献演俚俗戏剧，于蓬莱阁下广场上表演民间大秧歌。登高的人们在给天后娘娘进香后，亲朋好友在天后宫戏楼前看戏，到广场看秧歌，选购中意的小商品，乘兴游览蓬莱阁及其附近名胜，直至尽兴而归。故又有"蓬莱阁天后宫庙会"一说。这一习俗沿袭至今。

院内有六块巨大的赭红色丹崖石，是当年劈山建阁时特意留下作为点缀的。它们两两对峙而立，形似天文上的三台星座，被清代学者阮元

坤爻石

取名"三台石",刻石嵌于天后宫前殿东围墙外壁上。又因六石的排列形式暗合易经八卦中的坤卦,被道光年间登州知府张澍命名"坤爻石",并勒石作记,立于戏楼南侧。

前殿是门神殿,坐北朝南,面阔11.36米,进深6.86米,高6.98米,建筑面积77.9平方米。三开间,四柱七檩五架梁,硬山顶前廊式建筑。玲珑正脊,筒瓦屋面。施墨线旋子彩绘,龙锦枋心,檐枋设一斗二升交麻叶斗拱,卷草纹雀替。正间前后均为棋盘大门,前门上方牌匾"天后宫"三字为现代书法家武中奇书。门上刻现代书法家王遐举书"佑一方潮平岸阔,护环海风正帆悬"对联,门前安设一对汉白玉抱鼓石。明柱悬挂现代书法家滕少华书"海邦万里波澜平,蓬瀛千载慕神庥"对联。殿内梁上施龙凤和玺彩绘,塑有嘉应、嘉佑两尊护法神像,传说是天后在莆田湄洲湾降伏的妖怪,后为天后护法。后门上方悬挂现代书法家张伯煊书"慈荫海宇"匾额。

第二进院落为过渡院,南有前殿与第一进院落相连,北有垂花门与第三进院落相通。院内西侧建有厢房,厢房坐西朝东,面阔9.56米,进深5.02米,高6.1米,建筑面积48平方米。三开间,三柱六檩五架梁,前廊式建筑,合瓦屋面。正间设隔扇门,次间设隔扇窗。廊下北侧有清末将领宋庆书《簏》字碑,院内立清光绪十年(1884年)《重修天后宫之碑记》石碑,南墙东西嵌《寿》、《福》字碑,为五代道士陈抟所书二字的拓本勒石。

第三进院落为天后宫主院,由垂花门、天后宫正殿、东西厢房等建筑组成,建筑结构紧凑、方正。垂花门为悬山顶,筒瓦屋面,玲珑正脊,双

排柱担梁式木结构建筑。垂花门挂板饰贴金二龙戏珠图案，两边垂柱各雕有倒垂贴金花蕾，造型古朴别致。垂花门东、西两侧院墙别有特点，墙裙为须弥座式，以雕刻暗八仙图纹的青砖为柱，柱间由丹崖山彩石拼出图案，十分雅致。

唐槐

垂花门内有一株千年唐槐，胸围 2.7 米，高 11.7 米，冠幅 14 米，是蓬莱阁上现存最古老的树木。清道光十六年（1836 年）天后宫失火，48 间庙观毁于一旦，身处其间的唐槐却安然无恙，如有神佑。如今，唐槐年年萌发新芽，形似虬龙伸展飞舞，为蓬莱仙境增添一道别样风采。

正殿坐北朝南，由硬山顶的大殿与卷棚顶的前廊以勾连搭形式构成。其中大殿面阔 16.5 米，进深 10.64 米，高 7.65 米，建筑面积 175.56 平方米。三开间，四柱九檩五架梁硬山顶建筑。正脊饰精美的二龙戏珠砖雕，筒瓦屋面，内设五踩隔架斗拱，前设隔扇门，后设棋盘大门。前廊面阔 13.55 米，进深 4.03 米，建筑面积 54.6 平方米。三开间，二柱四檩四架梁结构，施龙凤和玺彩绘，月梁下瓜柱雕作精美荷叶、祥云、莲花造型。前廊东西墙上分别镶嵌《重修天后宫记》、《重修天后宫碑记》刻石。正殿东南、西南、东北、西北四角墀头上有砖雕宝瓶、佛手等吉祥图案，图案下方雕刻文字"信长江神明，保苍海灵贶"、"神明昭日月，忠信涉波涛"、"河晏海清，风恬浪静"、"顺风相送，海不扬波"。前廊墀头上雕刻文字，东为"作丹崖保障，颂碧渊澄清"，西为"□□□□□，沐蓬岛神庥"。前廊山墙博风头各雕有一字，分别为"河"、"晏"、"海"、"大"。前廊金柱悬挂现代书法家鲍贤伦书"慧眼千帆保驾护航有求必应，慈心四海消灾免难是祷皆灵"对联，檐柱悬挂现代书法家张荣庆书"丹崖留圣迹慈母婆心垂宇宙，仙山显神灵浩然正气贯乾坤"对联。

殿内正中设有1米高的神台，上有神龛，神龛东、南、西三面设冰裂纹格扇，北面封闭隔板，外绘墨龙。天花由九组圆形开光组成，正中为团龙，四周为团鹤。龛内塑天后坐像，高3米，通体贴金，身边立四名侍女。龛外东西两侧有泥塑神像。东边是东海广德王、南海广利王和

天后宫

两名文官。一名文官手
持圣旨，下达天帝旨意；
一名手持万法归宗，管
束海中鱼鳖虾蟹不得兴
风作浪。西侧为西海广
泽王、北海广润王和两
个文官。一名文官手持
寰海司命，为海神娘娘
发布命令；另一名手持
印盒，管理行文盖章。

天后坐像

正殿门槛和神龛四周的金柱材质为名贵稀有的铁力木。

东、西厢房共四座，两两相连，对称排列。南侧厢房，三开间，面阔8.73
米，进深6.91米，高6.09米，建筑面积60平方米，为三柱五檩五架梁
前檐廊建筑。北侧厢房，三开间，面阔6.1米，进深4.3米，高5.3米，
建筑面积26平方米，为二柱六檩六架梁卷棚顶建筑。

第四进院落是后院，由寝殿和东西厢房组成。寝殿坐北朝南，硬山
顶前檐廊两层楼阁式建筑，面阔13.32米，进深6.6米，高9.9米，建筑
面积175.8平方米。三开间，四柱七檩五架梁，玲珑正脊，筒瓦屋面。施
金凤金鹤旋子彩绘，正间枋心绘凤凰戏牡丹图，寓意百鸟朝贺、四海同春。
两侧墀头上有砖雕花卉图案，图案下有文字，其中一层东侧墀头上砖雕"调
四时旸雨，靖万里风波"，西侧墀头上砖雕"帆樯赖恬辑，旸雨召和甘"；
二层东侧墀头上砖雕"水途安晏，海不扬波"，西侧墀头上砖雕"风恬浪

静，河晏海清"。寝殿额题"福锡丹崖"，由费新我题写。一楼、二楼明间设隔扇门，裙板雕刻宝瓶插花图案，次间设隔扇窗。一楼正间神龛内塑天后金身坐像，神龛裙板雕"太平有象"、"狮子滚绣球"图案，神龛后壁绘牡丹、玉兰图。东西次间用花罩分隔，花罩雕刻梅、兰、竹、菊、石榴、寿桃、牡丹、玉兰图案，寓意品格高尚、富贵长寿。东西次间各设一床，摆设各种卧具。神龛两侧各设一小门，门内有楼梯，通往二楼。二楼为妈祖梳妆楼。

寝殿东、西厢房面阔 5.7 米，进深 3.71 米，高 4.32 米，建筑面积 21 平方米。三开间，二柱五檩五架梁，卷棚顶木结构建筑，裹垄瓦屋面，明间设隔扇门，次间设隔扇窗。东西厢墀头上砖雕春夏秋冬四景图，图下刻有文字，联结而成为五言绝句一首："直上蓬莱阁，人间第一楼。云山千里目，海岛四时秋。"

10. 胡仙堂

胡仙堂，位于天后宫寝殿西侧，坐北朝南，面阔 9.13 米，进深 3.73 米，高 4.45 米，建筑面积 34 平方米。三开间，二柱五檩五架梁，裹垄瓦硬山顶建筑，正间设双扇木门，次间设隔扇窗。胡仙堂始建年代不详，2002年修缮并对外开放。

胡仙堂门上楹联为"入深山修心养性，出古洞得道成仙"。堂中供奉三尊塑像，中间为胡仙，身边是他的两位药童，女童手拿灵芝，男童手拿药葫芦及医书。东面墙上挂有《深山采药图》。

11. 龙王宫

龙王宫，又名广德王庙，位于蓬莱阁古建筑群西部，东邻天后宫。龙王宫始建于唐贞观年间（627—649年）。原址在丹崖山巅蓬莱阁主阁处，其建筑"一根柱子架阁，被称为神工"，北宋嘉祐六年（1061年）迁于今址。元中统、明洪武和万历年间均曾修葺，1984年重修正殿，1993年在原基础上重建前殿、后殿。龙王宫为三进院落，由山门、前殿、东西厢房、正殿和寝殿组成，占地面积2000平方米，建筑面积350.8平方米。

山门位于显灵门西侧，坐北朝南，面阔9.5米，进深2.96米，建筑面积28.12平方米。砖石砌筑拱券门洞三个，筒瓦屋面，庑殿顶，实榻大门。正中门洞额题"龙王宫"三字。

龙王宫

前殿坐北朝南，面阔9.45米，进深4.78米，高6.3米，建筑面积45平方米。三开间，二柱五檩五架梁，硬山顶木结构建筑。青砖正脊，筒瓦屋面。施旋子彩绘，龙锦枋心。正间前后设棋盘大门，次间前设圆窗，后设隔扇窗。前殿内塑有两尊护法神，东为定海神，西为靖海神，各持法宝，威风凛凛，殿内北门上悬原蓬莱书法协会主席高英书"龙"字匾。

正殿坐北朝南，面阔13米，进深8.3米，高8.9米，建筑面积108平方米。三开间，五柱八檩五架梁，庑殿顶前檐廊木结构建筑。青砖正脊，筒瓦屋面。设一斗二升斗拱，旋子彩绘。正间前设隔扇门，后设棋盘大门，次间设隔扇窗。前廊明柱楹联："龙酬丹崖所期和风甘雨，王应东坡之祷翠阜重楼"，门上匾额"霖雨苍生"为高英所书。殿内金柱雕刻盘龙云海，梁枋施和玺彩绘，檩枋施苏式彩绘。苏式彩绘故事有"观棋烂柯"、"张良拾履"、"文王访贤"、"和合二仙"、"汉钟离度吕洞宾"、"高山流水"、"赵颜求寿"、"尧舜禅让"。殿中设高台神龛，内塑东海龙王敖广金身坐像，龙王头戴九旒冕，身着龙袍，威严地坐在神龛内的宝座上。龙王后面有两名宫女执掌以孔雀翎装饰的掌扇。神龛龛头雕波浪纹，中间雕刻八卦图，横枋雕刻花卉图案，神龛正面两侧为隔扇，隔扇上部为透雕花卉，裙板雕刻"狮子滚绣球"和"万象升平"图。神龛后上方彩绘"桐鸟栖枝"、"春江水暖"、"孔雀紫藤"、"鸳鸯戏水"图。神龛下须弥座正面书："万丈丹崖百尺楼，千年殿宇尽清幽。林木荫翳云铺地，东方初开照鱼游。银帆展转荡雾里，渔家往来水声中。海国蓝天火化日，仙阁巍然四时秋。"须弥座东、西两面分别绘"秋高气爽"、"春雨山村"图。神龛两侧神台塑有八名站官，由南而北，东为巡海夜叉、千里眼、电母、雷公，西为赶鱼郎、顺风耳、

风神、雨神。北门上刻有高英书"海邦万里庆安澜，五湖四海降甘霖"对联，横批"风调雨顺"。龙王宫正殿是蓬莱阁古建筑群中规格最高的，虽然该建筑经历代修葺，但整个建筑布局和风格仍有宋代遗风。

东、西厢房面阔 10.8 米，进深 5.5 米，高 5.6 米，建筑面积 59.4 平方米。三开间，四柱五檩三架梁，合瓦屋面，硬山顶木结构建筑。

龙王宫寝殿坐北朝南，面阔 10.59 米，进深 4.8 米，高 6.7 米，建筑面积 50.8 平方米。三开间，三柱六檩五架梁，筒瓦硬山顶前檐廊木结构建筑。施旋子彩绘。正间设隔扇门，次间设隔扇窗。前廊明柱楹联"赠大圣定海神珍千年魔尽，还八仙渡海宝物万里波平"，匾额"福庇海邦"为高英所书。殿内设高台神龛，内塑龙王及嫔妃金身坐像，东西两侧各塑四名侍女。旧有龙王木雕像及龙王出行用的步辇、仪仗，今不存。

蓬莱地处沿海，古时依海为生的人们其生命财产随时都有被狂风恶浪吞噬的危险，他们没有能力与大自然抗衡，于是人们便把生死存亡与神祇联系在一起。这笼罩着仙气的丹崖山便被船家渔民派上了用场，他们希望有神龙存在，更希望神龙能体恤人间的疾苦，给世人以救援，纷纷建起龙王庙、龙王宫、龙王殿，顶礼膜拜。蓬莱沿海民俗，农历正月十三为渔灯节，至今每年的这一天渔民们都敲锣打鼓、鸣放鞭炮、载歌载舞，到海边为龙王送灯。

12. 子孙殿

子孙殿，位于龙王宫正殿东侧，坐北朝南，面阔 8.92 米，进深 7.13 米，高 5.28 米，建筑面积 63.6 平方米。三开间，四柱七檩五架梁，硬山顶前廊式建筑，青砖正脊，合瓦屋面。正间设隔扇门，次间设隔扇窗。是古

子孙殿

时候人们求子求孙的地方。子孙殿明泰昌版《登州府志》有记载，始建年代不详，1993 年修复。

子孙殿主祀送子娘娘，其院门设在天后宫一进院落西，门上有匾，书"子孙殿"，院门内南侧壁上设有"宝库"。

正殿匾额"熊罴赐梦"，取自《诗经·小雅》中"吉梦维何，维熊维罴"、"维熊维罴，男子之祥"。熊罴是凶猛的野兽，象征着勇敢的武士，因此"熊罴入梦"为祝人生子的吉祥语。殿内设联体神龛，中龛为送子娘娘坐像，左为疹子娘娘坐像，保佑儿童顺利通过疹子关。右为眼光娘娘坐像，保佑儿童心明眼亮，志向远大。东、西神台上分别为麒麟送子、天王送子组塑。古时，人们喜欢多子多孙，所以那些没有儿女的和嫌儿子少的便到这里向送子娘娘许愿，祈求多生儿女，现在人们多是来此祈求平安。

13. 三清殿

三清殿，位于蓬莱阁东侧，东邻吕祖殿，南为仲连祠，北临苏公祠。坐北朝南，依山而筑，次第升高。三清殿始建于唐开元年间（713—741年），明正统年间（1436—1449年）、隆庆六年（1572年）重修，明万历三十一年（1603年）三清殿毁于火，总兵李承勋捐资重建，清顺治六年（1649年）重修。1978年再次进行修葺，修葺后的建筑仍然保持原有的建筑风格，1981年恢复塑像。三清殿由前殿和正殿组成，总建筑面积180.8平方米。

前殿即门神殿，坐北朝南，面阔10.67米，进深4.73米，高6.24米，建筑面积50.5平方米。三开间，四柱七檩五架梁，硬山顶前檐廊建筑。青砖正脊，合瓦屋面。施金线大点金旋子彩绘，明间设棋盘大门，门上

三清殿

悬挂民盟中央委员会主席楚图南书"上清宫"牌匾，门扇阴刻现代书法家王一葵书"开天辟地，炼海烧山"对联，门旁东西设汉白玉抱鼓石。殿内塑有门神哼哈二将，左为陈奇，右为郑伦，北门上方悬挂现代书法家谢德萍书"元门鼻祖"匾。门前台阶西侧，一株国槐生机盎然，树龄500余年。

正殿坐北朝南，面阔 12.9 米，进深 10.1 米，高 9.15 米，建筑面积 130.3 平方米。三开间，五柱七檩五架梁，重檐歇山顶木结构建筑。青砖正脊，裹垄瓦屋面。檐下垂柱饰荷叶形垂珠，柱间镶镂空如意花板，一斗二升交麻叶斗拱。施金线大点金旋子彩绘。明间设隔扇门，次间设隔扇窗，台基为青石砌筑。殿内原塑神像毁于 20 世纪 60 年代中期，现为 1982 年重塑。殿内神台上供奉的是道教的三位最高神：中间为玉清元始天尊，手拿红珠，象征洪元世纪；右边为上清灵宝天尊，手拿太极图，象征混元世纪；左边为太清道德天尊，手拿八卦扇，象征太初世纪。殿内东墙上镶嵌有清顺治六年（1649 年）《蓬莱阁三清宫新置瞻庙田地碑记》。正殿前院东墙嵌有明隆庆六年（1572 年）《重修三清殿记》。正殿院内有国槐一株，树龄 700 余年。

14. 吕祖殿

吕祖殿，位于丹崖山东侧，北倚宾日楼，西邻三清殿，主祀八仙中的吕洞宾。蓬莱阁旧有吕公亭，祀吕纯阳小像于其内，有"纯阳洞"匾额。后吕公亭圮，改为在望日楼内祭祀吕祖。清光绪二年 (1876 年) 知府贾瑚、总兵王正起扩建。吕祖殿由垂花门、正殿、东西厢房和观澜亭组成，总

吕祖殿

建筑面积 126.5 平方米。1993 年恢复塑像。

垂花门，筒瓦屋面，悬山顶，木结构建筑，面阔 4.22 米，进深 4.13 米，高 4.71 米，建筑面积 17.4 平方米，施大点金旋子彩绘。

正殿坐北朝南，面阔 8.94 米，进深 6.06 米，高 6.48 米，建筑面积 54 平方米。三开间，四柱七檩五架梁，硬山顶前檐廊木结构建筑。筒瓦屋面，正脊由精美的二龙戏珠砖雕组成，垂脊砖雕鲤鱼跃龙门图案。施旋子彩绘，明间设隔扇门，次间设隔扇窗，门上匾额"吕祖殿"为高英书，檐柱挂蓬莱书法协会主席袁承光书"劝群生尽孝尽忠瞬息间跋遍全区岂仅丹崖留胜迹，愿世人修福修善那时候皈依道果都来碧海谒师尊"楹联。高台神龛祀吕洞宾坐像，左右侍立药童和柳树精。吕祖殿前廊西端碑刻草书"寿"字。吕祖殿东墙外壁上嵌有晋江黄克缵《东牟观兵夜宴蓬莱阁》诗刻石，殿东有姚廷槐《海天一色》等碑刻。

西厢，坐西朝东，面阔8米，进深2.25米，高6.11米，建筑面积18平方米。三开间，三柱四檩四架梁，裹垄瓦硬山顶前檐廊木结构建筑，前坡长，后坡短促。施旋子彩绘，明间设隔扇门，次间设隔扇窗。

东厢与观澜亭连为一体，坐东朝西，面阔8米，进深3.83米，高6.35米，建筑面积30.6平方米。三开间，四柱七檩五架梁，裹垄瓦硬山顶前后檐廊木结构建筑。施旋子彩绘，明间前设隔扇门，次间设隔扇窗，后廊设方形石桌、石凳，可供游人休憩观景。

观澜亭，位于吕祖殿东厢南端，筒瓦屋面，四角攒尖顶木结构建筑，葫芦宝顶。边长2.55米，高6.24米，建筑面积6.5平方米。西、南两面设隔扇窗，东、北两面设隔扇门，分别与东厢外廊、室内相通。

观澜亭

蓬莱阁观澜亭旧称"望海亭",清光绪二年(1876年)建,凭栏观海,一望无际,临之可眺水城全貌和海滨一线景致。

15. 宾日楼

宾日楼,位于丹崖山巅东侧,南接吕祖殿,西临苏公祠,是一座双层八角十六柱攒尖顶木结构建筑,裹垄瓦屋面,葫芦宝顶。边长2.04米,高10.92米,建筑面积36.2平方米。施旋子彩绘。底层外侧明廊。楼内有木梯盘旋而上。一层东南、西南各开一门,二层周匝开八扇圆窗。

宾日楼又名望日楼,始建年代不详。清嘉庆二十四年(1819年)时,宾日楼"久废而更立"。宾日楼以其位置居高临下,登楼远望,视野开阔,是观赏海上日出的绝好所在。

宾日楼

16. 普照楼

普照楼,又名灯楼,坐落在丹崖山巅东北隅,西南临宾日楼、吕祖殿,东、北紧临大海。楼为三层六角塔式建筑,筒瓦

普照楼

屋面，边长 1.86 米，高 12.14 米，建筑面积 27 平方米，施旋子彩绘。中建扶梯，可曲折盘旋而上。一层南面设一门，二层六面均设有圆窗，三层外有回廊，周匝设木扶栏，南面设一门，其余各面镶有大块玻璃。普照楼飞檐攒尖，古朴典雅，与宾日楼、吕祖殿、观澜亭共同构成人间仙境——蓬莱的地标性建筑。

普照楼始建于清同治七年（1868 年），原为夜间行船用于导航的航标灯塔，1958 年在原二层基址上改建为三层，后因丹崖山西侧的老北山山巅新建灯塔，普照楼遂仅用于游览观光。

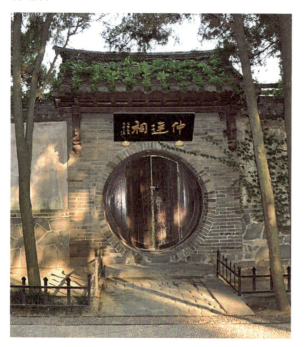

仲连祠

17. 仲连祠

仲连祠，位于蓬莱阁古建筑群东部，北邻吕祖殿和三清殿，独立院落，占地面积 540 平方米。圆形院门，门上"仲连祠"匾额为现代书法家王丹书。仲连祠坐北朝南，三开间，五柱七檩七架梁，合瓦硬山顶建筑。面阔 11.33 米，进深 5.96 米，高 5.05 米，建筑面积 67.5 平方米。正间设双扇木门，次间设隔扇窗。院内地面由鹅卵石和青砖拼成卍字和回形纹图

案，院内东侧立《遗则长存》碑。2004 年恢复。

仲连祠内祀战国末期"功成不受赏，高节卓不群"的齐国隐士鲁仲连。该祠的位置最早在宾日楼侧的吕公亭处，明泰昌版《登州府志》记载："仲连祠在望日楼后，木主久废，近刻吕纯阳小像于其内，因名吕公亭。" 仲连祠具体建筑年代不详。清光绪七年（1881 年），淮军将领吴长庆受命来山东帮办海防事宜，驻军丹崖山下。吴长庆是位文人将领，对鲁仲连很崇敬，当他得知丹崖山上旧有仲连祠，久圮，便倡导重建了仲连祠。吴长庆逝后，当地人们为了纪念这位提督大人，曾于仲连祠中"设公神牌，奉置鲁连神牌之右"与鲁仲连并祀。

石狮

18. 白云宫山门

白云宫山门，位于显灵门东侧，坐北朝南，面阔 10.09 米，进深 3.14 米，建筑面积 31.7 平方米。砖石砌筑拱券门洞三个，筒瓦屋面，庑殿顶，实榻大门。正中门洞额题"白云宫"三字。据旧志记载，明万历年间蓬莱阁已有白云宫，清顺治、道光年间重修，毁于何年不详，今仅存山门。

白云宫山门前通道两侧所置的石狮子，旧传为登州府衙门前的石狮子，后几经辗转 20 世纪 70 年代迁移至此。

19. 弥陀寺

弥陀寺，位于丹崖山南麓，顺山势而建，坐北朝南，由前殿、东西厢、正殿组成四合院落，占地面积560平方米，建筑面积182.7平方米。弥陀寺最早建于唐贞观年间(627—649年)，是蓬莱阁古建筑群中唯一的佛教寺庙。清嘉庆二十四年（1819年）重修，后因社会动荡与战乱，破败严重。新中国成立以来曾多次进行修缮，2001年进行大规模维修，重塑神像33尊。

前殿坐北朝南，面阔8.82米，进深5.01米，高5.81米，建筑面积44.2平方米。三开间，二柱五檩五架梁，青砖正脊，合瓦屋面，硬山顶木结构建筑。正间设棋盘大门，次间南设圆窗，北设隔扇窗。檐下悬挂现代书法家黄苗子书"弥陀寺"匾额。殿内塑有密迹金刚与罗延金刚两

弥陀寺

弥陀寺正殿

位护法神。南门外依地势砌陡峻台阶与寺外相通，台阶两侧置一对石狮，石狮蹲坐在高大的须弥座上，通高 2.42 米。东为雄狮抱绣球，西为雌狮抱幼狮。

东、西厢房，面阔 7.61 米，进深 4.01 米，高 5.02 米，建筑面积 30.5 平方米。三开间，二柱五檩五架梁，合瓦屋面，硬山顶木结构建筑。正间设隔扇门，次间设隔扇窗。东厢为关公殿，主祀武圣关羽。陪祀为其部将关平、王甫、周仓、赵累。西厢为祖师殿，主祀佛教净土宗祖师慧远法师。陪祀为其挚友恒伊、刘遗民、慧然、陶渊明。

正殿坐北朝南，面阔 9.86 米，进深 7.86 米，高 7.31 米，建筑面积 77.5 平方米。三开间，四柱七檩五架梁，玲珑正脊，合瓦屋面，硬山顶前廊式木结构建筑。施旋子小点金彩绘，龙锦枋心。檐枋下设托斗雀替，脊檩随檩枋下置一木条，上墨书"大清嘉庆二十四年三月吉日重修，会□□等主持僧与仁兄"。正间设隔扇门，次间设隔扇窗。檐下悬挂"大慈大悲"四字匾额，前廊明柱悬挂现代书法家朱德源书"四十八愿众生同登极乐地，六般若蜜凡圣皆入清凉界"楹联，东西两侧悬钟置鼓。正殿主奉西方三圣。正面神台上塑有阿弥陀佛，其左右为观世音菩萨和大势至菩萨，神台前设香案、磬、木鱼、蒲团等佛事用具。两侧神台上塑有十八罗汉神像。

正殿前东西向甬道两端，各有圆形角门与寺外相通，角门内外分别刻有"胜境"、"蓬壶"门额。

万民感德碑亭

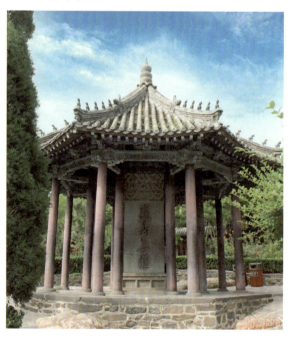

20. 万民感德碑亭

万民感德碑亭，位于弥陀寺西北的高台地上，亭内正中旧时立有万寿碑，系清康熙年间蓬莱地方官为颂康熙皇帝普免田赋而建。清末民初碑亡亭毁，仅存碑座。

20世纪50年代于原址重建。碑亭为八角十六柱攒尖顶建筑，葫芦宝顶，筒瓦屋面。边长2.75米，高11.7米，建筑面积36.3平方米。亭内雷公柱

上端镶四组龙头、凤尾木雕，与八个角梁相接，垂柱自上而下雕刻暗八仙、花卉图案，倒垂莲垂珠。施旋子彩绘，梁枋素枋心，檐枋龙锦枋心。檐枋设一斗二升交麻叶斗拱，下设草龙纹雀替。

1995 年重立石碑，碑身正面刻"万寿无疆"四个大字，背面刻《重立万民感德碑记》。

21. 隐仙洞

隐仙洞，位于弥陀寺东北丹崖山山脚下，洞口高 1.77 米，宽 1.06 米，仅容一人出入，洞内空间狭小，深约 5 米。洞中北侧高台上有吕洞宾石质坐像一尊，坐像上方墙壁嵌一方石，上刻"隐仙洞"三字，为康熙乙

隐仙洞

"志为人民"烈士碑

丑年（1685年）闽漳林宗所书。传说当年吕洞宾得道成仙前，曾眷恋蓬莱山水，有"他时若赴蓬莱洞，知我仙家有姓名"的意愿，选择此洞隐居修炼。

22."志为人民"烈士碑

"志为人民"烈士碑，位于显灵门前，丹崖仙境坊东侧的台地上。坐北面南，由基座、碑座和碑体组成，通高2.07米，碑体高1.05米，四面均阴刻铭文。

"志为人民"烈士碑是1945年10月10日，蓬莱县党政军民为了悼念在抗战时期为蓬莱人民的解放事业光荣献身的盛易三、姚琪、郝斌等革命英烈而立。

23.古有而今圮的建筑

　　白云宫　在三清殿南，今仅存山门及院落遗址。光绪版《登州府志》记载："白云宫，在蓬莱阁前，明万历三十一年毁，总兵李承勋重建。国朝顺治间防抚朱国柱、道光十八年知府英文各重修。"

　　镜石亭　亦称石镜亭，原在天后宫门东，亭内藏石一方，光可鉴人。或传思乡心切者，可于石中见到故里家山。明泰昌版《登州府志》记载："镜石亭，在天妃宫门东。"后亭圮，石亦失。今避风亭与澄碧轩之间壁

上嵌一方黄石，题为"镜石"，是后人所置，聊以补缺。

多寿亭、排云一见坊、海峤仙丈坊、古仙灵地坊　在蓬莱阁南，今已不存。清顺治版《登州府志·卷七·古迹》记载："多寿亭，在蓬莱阁南，万历十八年知府王云鹭建，又前有烂柯处。亭前有排云一见坊、海峤仙丈坊、古仙灵地坊，俱废。"

松石亭　明泰昌版《登州府志》记载："松石亭，在天妃宫门西。"据传石得之于海岛，古松所化。或谓石乃高句丽石，明万历兵部主事梁之垣得自朝鲜。石可验晴雨。明万历年间巡道阎士选筑台供之，覆以亭。亭久圮，石亦不知去向。

李公祠　或即在弥陀寺中，旧为卫公祠，祀明代都督卫青，正统二年（1437年）建。后改为霖苍书院。清康熙五十五年（1716年）改为李公祠，祀直隶、河南、山东总督李荫祖及其子安徽巡抚李炳、其孙登州总兵李树德。光绪四年(1878年)知府贾瑚重修。久圮。

刘公祠　原在蓬莱阁东，祀清代登州总兵刘清。刘清字松斋，贵州人，亲督重修蓬莱阁工程，因获后人怀念。祠久废。

千佛寺　原在蓬莱阁前，久圮。清道光版《重修蓬莱县志》记载："千佛寺，蓬莱阁前。"

毗庐阁　原在弥陀寺东侧。明泰昌版《登州府志》记载："毗庐阁，在丹崖山南麓，万历戊午毁，庚申方印重修。"今已不存。

海潮庵　又名观音堂、水月庵、潮海庵，在蓬莱阁东城堞墙外，后更名海潮庵。今已不存。明泰昌版《登州府志》记载："水月庵，在丹崖山东麓，凡阅水操驻此。"清顺治版《登州府志》记载："海潮庵，在丹

崖山东麓，凡阅水操驻此，初名潮海庵，今学道施闰章改为海潮庵"。

海镜亭 原在蓬莱阁东城堞墙外，海潮庵以北，曾为镇抚校阅水师之所。今已不存。清顺治版《登州府志》中施闰章撰《海镜亭记》记载："右折而下为海潮庵，庵左侧有亭皎然，轩楹四厂。"又有"丁酉夏四月十有四日，予夜宿亭畔，水月空明，毛发可数。书其上曰'海镜'"记载。

旸谷馆 明泰昌版《登州府志》记载："旸谷馆，在望日楼稍南，为观日出银宿处也，旧匾此名，今圮。"

海市亭 明泰昌版《登州府志》记载："明正德八年（1513年），登州知府严泰于蓬莱阁西建海市亭。"清杨本昌《重修蓬莱阁记》也有"阁之东西宾日楼、海市亭，皆久废而更立……"的记载。今已不存。

三总兵祠 明泰昌版《登州府志》山海景图记载："三总兵祠，在三清殿前。"今已不存。

潮阳庵 明泰昌版《登州府志》记载："潮阳庵，在蓬莱阁下面新开海口，以潮汐往来取名，王翰林言因遗址构舍读书捐田募僧，后南兵错处废。"今已不存。

冷然泉 清顺治版《登州府志》记载："冷然泉，在府城北丹崖山之阴，去海数十步，味甘而冽。"今已不存。

甜井 原名"瀚海甘泉亭"，后更名"甜井"。明泰昌版《登州府志》记载："瀚海甘泉亭，在备倭城西隅，郡守王云鹭有记。"清光绪版《登州府志》记载："瀚海甘泉亭今名甜井，在水城小海西，明万历间知府王云鹭凿覆以瓦亭，匾曰甜井。"今已不存。

泰山行宫 清道光版《重修蓬莱县志》记载："泰山行宫有五，一在水城振扬门内。"今已不存。

云昙庵　清光绪版《登州府志》记载："云昙庵,在水城内。"今已不存。

众神庙　清光绪版《登州府志》记载："众神庙,在水城内。"今已不存。

纳川亭　明泰昌版《登州府志》记载："纳川亭,在府城北海滨,宋州守刘涣建。"

第二章　千年军港——蓬莱水城

在我国山东半岛北部风景秀丽的古城蓬莱，至今还完好地保存着一处人工修建的古代军港。古军港依山傍海，四周环筑高大坚固的城墙，城外围绕着大海和护城河，城围水，水环城，布局巧妙，结构独特，显示出高超的建筑技巧。军港与城池互相依存，进可以攻，退可以守，形

成了一个完整严密的军事攻防体系。这就是为军事界、建筑界所称道的我国最早的古代军港——蓬莱水城。1982年2月，蓬莱水城被中华人民共和国国务院公布为"全国重点文物保护单位"。

蓬莱水城位于山东半岛最北端，地理位置十分重要。它与辽东半岛遥遥相对，以北仅20海里的庙岛群岛犹如一道海上锁链，控制了两大半岛之间的渤海海峡，形成中国北方的海上门户。

唐神龙三年（707年），登州治所迁蓬莱，蓬莱成为胶东半岛的政治、经济、文化中心。城北与登州治所毗邻的天然港湾，遂被人们称为"登州港"。处于巅峰盛世的大唐帝国是世界各国向往的中心，大唐与海外各国往来的海上航路被称为"海上丝绸之路"，其重要的起航港有四：南方的广州、泉州、宁波和北方的登州港。据《新唐书·地理志》记载，"登州海行入高丽、渤海道"，即以登州为始发港，沿辽东海岸至朝鲜，再由朝鲜抵达日本。在中日文化交流中，日本使节有"遣唐使"在登州港登陆，

蓬莱水城

经山东半岛前往内地长安。日本高僧圆仁来唐，两次过登州，曾在登州开元寺停留，见到许多日本人在开元寺的题壁留名。据不完全统计，在唐代经登州而到长安的新罗遣唐使达 30 余次，日本遣唐使 7 次，大批朝、日留学生、学问僧和商旅人等尚未计算在内。登州港在和平时期是中外友好交往的桥梁，在与敌国对抗时期也发挥着重要作用。隋唐时期先后多次大规模征伐高丽，其海上用兵路线都是由登州起航沿庙岛群岛至辽东。登州一带海港还是造船和后勤运粮基地，水师之盛，史称"楼船相接，扬帆蔽海"。

北宋时期，北方契丹民族建立的辽国崛起，不断威胁宋的安全。山东半岛与辽国所在的辽东半岛隔海相望，成为抗敌护疆的前线。北宋朝廷为防御北方契丹入侵，于庆历二年（1042 年）在登州设置刀鱼巡检，利用登州港停泊战船。因宋水军使用的快速战船形似刀鱼，故名"刀鱼战棹"，水军驻屯营地也随之称为"刀鱼寨"。登州水军在这里停泊战船，补充给养，训练水师，出哨巡洋，护卫着登州海域及周边岛屿。登州港由此成为一处颇具规模的水军基地。

元朝建立后，登州港仍是我国北方沿海重要的军事要塞与交通要冲。元后期，来自日本的倭寇，开始侵扰我国沿海。元朝廷为加强沿海防御，在交通要冲的登州增设元帅府。"元至正元年金山东沿边州域民户为军，益都淄莱所辖，登莱州李坛旧军内起金一万人，差官部领御倭讨贼，而水军之防仍循宋制。"元地方政府重视水军的作用，仍以刀鱼寨为水军基地，采用宋刀鱼战棹的船型，并在船体结构、帆装上进行了改进，造出一种更先进的大型快速战船，驻守在登州沿海，有效地抵御了倭寇的侵扰。

明朝建立后，倭寇更加猖獗，频频袭扰我国沿海。洪武九年（1376年）明政府加强海防，利用刀鱼寨这个水军基地修筑蓬莱水城，抵御倭寇的袭扰，并在蓬莱水城设置总督登莱沿海兵马备倭都指挥使，登州营驻扎在水城内。在整个明代，蓬莱水城都是重要的水军基地，并成为山东海防的指挥中心。

清朝建立后，清政府在蓬莱水城设立水师营，巡防东至荣成成山头，西至武定营大沽河的一千七百七十里的辽阔洋面。清朝末年，登州港地位下降，更符合现代港口要求的烟台港逐渐兴起。中国北方海上防务形成了以烟台、旅顺、威海为中心的新格局，蓬莱水城的军事作用自此不再重要。

蓬莱水城景区面积27万平方米，主要包括文物古迹的城墙、海港和复建的城内军事机构设施以及新建博物馆等。

一、文物建筑

1. 水城城墙

水城城墙利用自然地势修建。明洪武九年（1376年），在丹崖山东侧新开港湾出口，砌筑水门，环筑土城墙，修建振扬门，改画河为水城护城河，河上建迎仙桥。明万历二十四年（1596年），登州总兵李承勋对水城城墙砌以砖石，东、北、西三面增筑敌台。崇祯五年（1632年）"登州事变"，城墙损毁严重，崇祯九年（1636年）修缮。清乾隆、道光、同治、光绪年间均对水城城墙进行过修葺维护。清朝末年至新中国成立前，频繁的战乱及水城内居民建房对水城城墙造成了严重破坏。到1980年，蓬莱水城除北城墙和水门及东、西炮台较为完整外，其余三面城墙仅存西城墙北段长230米的城墙及敌台，西城墙南端30余米石砌外墙体、南城墙振扬门及两侧80米的城墙、东城墙南段100余米城墙、东城墙北段90余米城墙，且破败不堪。

　　1982年，维修水城西北角的城墙，该段城墙呈拐尺状，东与蓬莱阁丹崖山相连，南与残存的老城墙相接。1986年，在蓬莱阁古建筑群西北角增设一门。1987年，修复西城墙北段城墙230米，修建蓬莱阁西大门，

水城城墙

修复振扬门东西两侧城墙80米及振扬门门楼，同年还治理水城护城河，砌筑河道。1998年，对振扬门门楼的基础部分进行加固，重建木结构城门楼。

2000年以来，蓬莱加大对水城的保护力度，制定实施《蓬莱水城及蓬莱阁保护规划》，投资5.5亿元对水城进行全面的恢复保护。分批拆迁20万平方米的水城村民住宅、工商企业建筑，复建水城城墙、仿明军事机构，兴建新的展览场馆和综合管理服务设施。1999至2006年，参考史志记载，结合考古勘探，在资料翔实准确的基础上，陆续修复东城墙、南城墙、西城墙共计1668米。对反映水城历史的三处城墙夯土遗迹，采取了原址保护处理。另于登瀛桥向东新设水城东门，蓬莱阁西大门处新设水城西门。至此，水城城墙联为一体。

蓬莱水城东城墙长720米，西城墙长850米，南城墙长378米，北城墙长300米，周长2248米。北城墙临悬崖而建，崖高36米，以崖为墙，只建有1.4米的堞墙，其余三面城墙较高。城墙下宽上窄，断面呈梯状，底宽8.6米，顶宽6.84米，高8.35米。东城墙有敌台两座，分别位于城墙东南角向北200米、390米处。西城墙有敌台三座，分别位于西城墙西北角向南160米处和西城墙西南角向北210米、420米处。

水城原有两座城门，南门为振扬门，北门为水门，一通陆地，一通海上。振扬门位于南城墙东段，用砖石筑成。门洞立砖券顶，两券两伏，宽3米，进深13.5米。门楼坐北朝南，面阔10.7米，进深8.1米，为歇山顶回廊式二层木结构建筑。三重飞檐，青砖正脊，筒瓦屋面，翼角下挂风铃。施点金旋子彩绘，普柏枋上设五踩斗拱，台明用规整的灰岩块石砌成，

振扬门

台面铺方砖。一楼正间设隔扇门，次间南设隔扇窗，室内西侧设楼梯。二楼正间设隔扇门，次间设隔扇窗。登城门楼的台阶位于城门洞内西侧，由条石铺砌而成。振扬门城楼是水城城墙的制高点，由此观览，不但水城诸景尽收眼底，而且南望蓬莱市区、北眺长山列岛，也都历历在目。

北门又名水门，位于水城东北隅，距东城墙13米，水门底宽9.4米，航道宽8米。水门上端旧架设木板，以贯东西，遇船行撤之，俗称"天桥"。清顺治十六年（1659年），水门增设铁栅闸门，平时闸门高悬，大小航船畅行无阻，有事则放下闸门切断海上通道。今水门两侧墙体上宽0.33米、深0.25米的凹槽，即为当年开凿安装铁栅闸门时的遗迹。

水门外东西两侧，各设炮台一座，东炮台沿东城墙向北伸出36米，

呈长方形，东西长 11 米，南北宽 10 米，高出城墙 2.5 米，上筑堞墙，炮台南侧设有台阶以供上下。西炮台位于水门西北 100 米，建于丹崖山东侧陡壁上，伸出城外 12 米，宽 12 米，城墙开有小门以供出入。东、西炮台相距 85 米，呈掎角之势，封锁海面，打击犯城之敌，是护卫水门的重要设施，它和水门一起构成一个严密的防御体系，控制着附近海面。

水城城墙外东、南两面设护城河，长 1100 米，宽 18—22 米，深 5.6 米。迎仙桥，位于东护城河南端，为三孔拱券石桥，长 23.86 米，宽 11.7 米。桥面为青石铺砌，两侧立有花岗岩护栏。清光绪七年（1881 年）重修，

水门

迎仙桥

桥南侧中间石拱券上镌刻"迎仙桥"三字。

而今，站在全面恢复的水城城墙上，远望蓬莱阁海天相接，俯瞰小海波澜不惊，岸边的备倭都司府、兵营、校场整齐有序，身边的岸防古炮森严威武，一座古意盎然的登州水城完整地呈现在丹崖山畔。

2. 水城港湾

水城港湾，系唐、宋、元时期以来利用画河入海口的天然条件作为泊船的港湾。明初修筑蓬莱水城，沿丹崖山东侧开辟新的出海口，借助丹崖山作为阻挡风浪的天然屏障，扩大海港的水域面积，增加了泊船容量，更适合当时的经贸发展和海上防御的需要。

小海，居水城中心，呈窄长形，面积约 7 万平方米，南北长 655 米，南端最宽 175 米，北部弯曲部分较窄，仅 35 米。小海的最北端为出海口，即水城的水门。

小海码头，是在小海港湾沿岸以石块砌筑的可供船只停靠的平台，码头上设有拴缆石柱和通向小海的石砌台阶，便于货物装卸和人员往来。由于小海的水域变迁缩小，旧有码头均已湮没不存。2010 年在小海西岸发现两处明代码头遗址，现已原址保护，可供游人参观。

小海

　　登瀛桥，位于小海中部，旧为木吊桥，连接小海东西两岸，20世纪60年代初改为单孔石桥，1984年小海清淤后改为可移动铁桥，1995年改建成五孔石桥，名"登瀛桥"，桥长60米，宽9米，高4米，桥面、桥栏皆花岗岩石材，是游人登览蓬莱阁的主要通道。

　　防波堤，俗称"码头尖"，建于明洪武年间（1368—1398年）。在水门口北，沿东炮台向北伸出，水城东北无天然屏障，防波堤可削弱来自东北方向的海浪对港口的冲击，并阻止泥沙进入港内，2007年以巨石堆砌加固，现长150米，宽15米，高2米。

防波堤

平浪台，在小海北端迎着水门而立，北距水门 51 米，东与城垣衔接。系用挖掘小海的泥沙堆成，外砌方石，西北角呈弧形，南北长 100 米，东西宽 50 米。它的设计构思十分巧妙，当风浪海潮扑门而来，首先被平浪台阻挡，然后减缓势头折西而去，经过这一阻一折，达到消波目的，所以即使港外浊浪滔天，港内小海仍平静安宁。同时平浪台又是水城屏障，能遮挡住来自水门外的视线，保守港内的秘密。如有战事还可以起到从平浪台支援水门和炮台守军的作用。

灯楼即普照楼，位于丹崖山上，它临崖修建，起着为进出小海船舶导航的作用，1958 年丹崖山西侧田横山上新建灯塔后，这座灯楼便失去了原有作用，仅用于游览观光。

港湾的清淤改造工程。自清末以来，小海渐渐变为民用港口，大量商船、渔船在此停泊，战乱时期军队驻扎，沿岸居民日益增多，经年累月，大量生产、生活垃圾泄入小海，小海的淤积日趋严重。新中国成立后，1956 年、1964 年当地政府两次组织清淤，但并没有改变小海进一步淤积的趋势。20 世纪 80 年代初期，蓬莱水城基本上成为一处死港。1982 年，蓬莱水城和蓬莱阁被国务院公布为全国重点文物保护单位，出于经济发展、保护文物和旅游开发的形势需要，水城的淤塞问题再度引起各级政府的高度重视，并很快被纳入了工作日程。1984 年春，蓬莱县对水城小海开展了有史以来最大规模的清淤工程。此次清淤，全县发动民工 2000 余人，投入车辆 200 余台，车辆多为 12 马力和 25 马力的拖拉机，有的公社包工队还安装了当时比较先进的塔吊等机械。清淤工程历时 120 余天，清除淤泥 22 万立方米，使小海水深低潮时保持 1.2 米以上，高潮时

可达 2.5 米，拓宽小海内主航道，主航道水深可达 4 米。重修岸堤和护坡 1380 米，改小海中间单孔石桥为活动铁板桥，加固水门口外防波堤 80 米，清理防波堤内航道上的淤沙。清淤完毕，水城小海海水清澈，微波荡漾，不仅渔船不再候潮而行，同时也为蓬莱阁旅游创造了清新的环境。2005 年，为配合蓬莱水城的全面恢复工程，又进行了一次大规模小海清淤。这次清淤工程采取南北小海分别清淤的方式。主要对航道进行了深挖加宽，对岸堤护坡全面铺砌加固，清淤的深度达到了原始地貌。由于组织得当，仅用 3 个月，就圆满完成此次清淤工程。

　　20 世纪 80 年代以来的两次大规模清淤工程，不仅营造了清新的海港环境，促进了蓬莱阁景区的建设，而且又有重大考古发现。在清淤出土的大量文物中，最具影响力的是三艘木质古船。1984 年出土的古船被编为 1 号古船，由烟台市文管会、蓬莱阁文物管理所的专业人员发掘。古船位于小海南岸偏西 1.5 米深的淤泥下，船首位东，船尾位西，残长 28.6 米，残宽 5.6 米，船的长宽比为 5∶1，在船上发现了铁剑、灰瓶、石球等武器，经专家研究判断是元末明初的一艘战船。另外在船下出土的铜铳，表明利用火药燃烧爆炸形成推力来发射弹丸的管型火器——火铳，已装备于水军战船，成为当时水军重要的常规武器。在船的前部水密舱内发现了残席片，中部舵楼的隔梁和部分窗扇尚在，尾部舵座腐烂严重，上端与船体已经脱节。因为工期紧迫和机械条件所限，当时未能将古船整体打捞上岸，最后船依左舷、右舷的顺序编号，将船板、龙骨、隔梁全部拆开，再按顺序编号排列陈放，并采取了相应的保护措施。此外，清淤所获文物也相当丰富，有木锚、铁锚、石碇、石槌、高足碗、带铭文造船木、铁炮、炮弹、大量

的古币等，另有部分日本、朝鲜制造的瓷器。在水门口内侧，还发现民国时期枪械残件。其后建立的登州古船博物馆陈列的文物展品中，大部分来自此次清淤工程中的收获。2005 年的小海清淤中，针对 1984 年清淤过程中已经发现，但当时没有来得及发掘的另外两艘古船，成立了由山东省考古所、烟台市博物馆、蓬莱市文物局组成的考古工作队，这两艘船被续编为蓬莱 2 号和蓬莱 3 号古船（另于小海西岸发现数块古船底板），历时四个月被成功发掘。其中蓬莱 2 号古船长 21.5 米，宽 5.2 米，与蓬莱 1 号古船比较类似，蓬莱 3 号古船长 17.1 米，宽 6.2 米，与 1、2 号船区别较大，在经过科学的考察测绘整理后，两艘古船已被妥善保护，将在新船馆中陈列。

蓬莱小海古船的出土，对研究蓬莱水城与登州古港的历史变迁、海外交通和贸易的发展、古代造船技术与海防建设等方面，都具有重要的历史、科研和学术价值，这引起史学界、航海界、军事界的极大关注。蓬莱围绕小海古船的发现多次召开国际学术研讨会，并先后出版《蓬莱古船和登州古港》、《登州港与中韩交流国际学术讨论会论文集》、《蓬莱古船国际学术研讨会文集》、《蓬莱古船》等专题图书。

二、恢复建筑

1. 太平楼建筑群

太平楼建筑群位于蓬莱水城东北部的高台地上，北面为水门和东炮台，东接城墙，西临小海，是人们出行海上祈求神灵保佑平安的场所。太平楼建于明天顺年间（1457—1464 年），又名"涌月楼"，明隆庆六年（1572 年）

重修；清同治七年（1868年）、光绪七年（1881年），重修平浪宫。这些
建筑在抗战时期均毁于战火。1987年，复建太平楼、平浪宫，新建戚继光
塑像及点将台等。

太平楼，位于该建筑群北侧，坐北朝南，面阔18.8米，进深7米。
五开间，四柱七檩五架梁，歇山顶回廊式两层建筑。青砖正脊，筒瓦屋面，
环以如意云头纹挂檐板。回廊檐枋上设一斗二升交麻叶斗拱，卷草纹雀替，
施旋子彩绘，一字枋心。正间设隔扇门，次间设隔扇窗。东山墙外设木
质楼梯通往二楼。一楼悬挂现代书法家朱乃正书"太平楼"匾，檐柱悬

太平楼及戚继光塑像

挂赵朴初书"不羡群仙浮海日，却思戚帅筑城时"楹联。

平浪宫，位于太平楼建筑群最南端，坐北朝南，面阔 12.8 米，进深 4.5 米。三开间，三柱五檩五架梁，硬山顶前檐廊式建筑。青砖正脊，筒瓦屋面。檐枋上设一斗二升交麻叶斗拱，卷草纹雀替，施旋子彩绘，一字枋心。正间设隔扇门，次间前设隔扇窗。南门上方镶有现代书法家杨向阳书"平浪宫"三字竖匾。

涌月亭，位于平浪宫正东 20 米处，亭为六角六柱攒尖顶建筑，边长 1.85 米，葫芦宝顶，筒瓦屋面。施苏式彩绘，卷草纹雀替。西面设台阶供游人出入，其余五面设鹅颈椅供游人休憩。亭额"涌月亭"为高英所书。

戚继光塑像，位于太平楼前，1987 年为纪念戚继光逝世四百周年而建，塑像高 4 米，展现了戚继光身着戎装，昂首挺胸按剑而立俯瞰水城的雄姿。

点将台，位于戚继光塑像西侧，坐北朝南，面阔 9.25 米，进深 4.75 米。三开间，三柱五檩五架梁，歇山顶前檐廊式建筑。青砖正脊，筒瓦屋面，施苏式彩绘。正间设隔扇门，次间设隔扇窗。南侧、西侧建回廊，正门上方为书法家刘开渠书"点将台"三字横匾。

2. 备倭都司府

备倭都司府，位于蓬莱水城小海东岸，是明朝备倭都司主官办理公务和居住的地方。2005 年开始复原修建，总投资 5010 万元，建筑面积 4988 平方米，占地面积 20000 平方米。备倭都司府为中轴对称布局，分五进院落，由大门、仪门、大堂、二堂、官邸、上房及其附属建筑组成，均为筒瓦屋面，硬山顶木结构建筑。建筑色彩庄重淡雅，青绿旋子彩绘为主，主要建筑施点金旋子彩绘。

大门，坐北朝南，三开间，五架梁，面阔13.6米，进深8.85米。门上题额"备倭都司府"，门柱对联为"众志成城写百年壮志，重镇威仪仰千古高风"。檐廊明柱对联为"刀鱼寨中蛰龙复起，蓬莱阁下征帆再扬"。大门台阶两侧安设石狮、拴马桩、上马石等，门前分列铜铸士兵和战马，形态各异，惟妙惟肖。

仪门题额"镇海平疆"，门柱对联为"降八幡灰飞烟灭，镇四海浪静风平"。檐廊明柱对联为"下西洋百万雄师冲涛破浪威名扬天下，入东海无敌舰队掠岛平波倭寇散云霄"。

备倭都司府

仪门内东、西各有赑屃驮"大明疆域图"石碑一座，其上镌刻我国明代时期的领土疆域，石碑北面是戒石坊，为四柱三间冲天式花岗岩石牌坊。

大堂，坐北朝南，三开间，面阔11.7米，进深8.8米。门上题额"保家卫国"，明柱对联为"南北驱驰酬国志，横戈征战度余生"。前檐廊下东西分设太平鼓、得胜锣。月台前旗杆上帅旗高悬。大堂正中悬"海波平"匾，室内展示将士论战、冷兵器演练、火器演练场景。墙壁上刻绘鸳鸯阵、大三才阵、小三才阵等阵法。

大堂东、西厢，九开间，面阔32.4米，进深6米。大堂东厢展示动态半景画，以幻影成像多媒体形式表现戚继光南方抗倭的战斗场景，大堂西厢陈列备倭都司府导览沙盘等。

二堂，坐北朝南，五开间，五架梁，面阔23.2米，进深9.14米。门上题额"明思"，明柱对联为"城池万代岂容外辱，中华一心决不可摧"。内设以戚继光东南沿海抗倭史实，采用三维投影成像技术制作的海战互动游戏。

二堂东、西厢房，五开间，面阔19.8米，进深6.3米。西厢房展示登州抗倭名将陈琯、卫青、戚继光、宋应昌、万世德、李承勋塑像；东厢房展示登州水城构筑沙盘、城墙模型。

官邸为三合院结构，四面回廊，南设院门。正房坐北朝南，五开间，五架梁，面阔18.16米，进深10.15米。门上题额"决胜千里"，明柱对联为"风卷残云平夷虏，气冲霄汉斩倭贼"。正房展柜陈列露梁海战模型，东北西墙壁壁画展示明代抗倭重大战役：望海埚之战、双屿之战、王江

泾之战、台州大捷、横屿之战、平海卫之战。

官邸东、西厢房，三开间，面阔 11.26 米，进深 7.17 米。西厢房展示明代海防军队的武器装备和沿海的防御设施。东厢房展示明代海防人物图片及事迹。包括明代海防军事理论家戚继光、郑若曾、茅元仪，明代杰出兵器专家赵士祯、徐光启。

上房坐北朝南，五开间，五架梁，面阔 21.16 米，进深 10.15 米。门上题额"固土御疆"，明柱对联为"遥知百国微茫外，未敢忘危负岁华"。东西厢房展示明代兵书和戚继光挑灯夜读场景。

旗纛庙，位于大堂西侧，三合院结构，正殿坐北朝南，三开间，五架梁，面阔 12 米，进深 5.9 米。门上悬"靖海平川"匾，明柱对联为"大丈夫镇倭守疆，真英雄安民保国"。殿内墙壁绘将士出征壁画。东、西厢房为三开间，面阔 9.2 米，进深 3.6 米。东厢门悬"万世重光"匾，门柱对联为"高风遗地远，神气化天长"。西厢门悬"正礼穆德"匾，门柱对联为"树后世达德，宗先贤至礼"。旗纛庙是祭祀军旗的庙宇，在明时每年春秋两祭，由地方主官或军事主官主持。

西花厅，位于旗纛庙北，坐西朝东，三开间，五架梁，面阔 11.26 米，进深 5.8 米。门上悬"韬略垂风"匾，门柱对联为"文涛披岸千史留文字，武略峥嵘万里踏清秋"。明柱对联为"青灯览史，红袖添香"。

校场，位于备倭都司府南，南北长 90 米，东西宽 50 米，是明水城驻军操练和比武的场地。

照壁与牌坊，备倭都司府门前设照壁，东西长 17.65 米，南北宽 1.22 米，一字形，青石须弥座，方砖壁心，庑殿顶墙帽。照壁东西两侧各竖立有

木质牌坊和高大的吊斗旗杆。牌坊为四柱三间冲天式。旗杆上悬挂"备倭都司府"帅府旗帜。

3. 蓬莱水城兵营

自宋刀鱼寨设立，直至明清时期，蓬莱水城一直为军事海防重镇，沿水城小海东岸、南岸、西岸均有军队部署，建有驻军兵营。

东营，位于备倭都司府前校场东侧。2006年复原修建，五开间硬山顶木结构建筑，南北共四排20间，占地面积635平方米，建筑面积326平方米。其正北为马厩，是旧时驻军马匹饲养场所。

南营，位于蓬莱水城小海南岸。2006年复原修建。恢复后的南营为三合院形式，仿明硬山顶木结构建筑。共计60间，占地面积1693平方米，建筑面积776平方米。2003年修复蓬莱水城东城墙时，发现了一块镌刻"南右营左哨"的青石，这是明代蓬莱水城驻军南营编制中右营左哨卡的刻石。

西营，位于南小海西岸。2008年复原修建，五开间硬山顶木结构建筑，南北共三排30间，占地面积1400平方米，建筑面积558平方米。其南侧为新建的蓬莱古船博物馆。

4. 三官庙

蓬莱水城内旧有两座三官庙，分别位于水城太平楼南和水城西南角。2006年恢复重建水城西南角三官庙。三官庙坐西朝东，由山门、钟鼓楼、三官殿及玉皇阁等组成。整个建筑群均为青砖正脊，筒瓦屋面，抬梁式木构架，山门、三官殿、玉皇阁施点金旋子彩绘，其余建筑施旋子彩绘为主。

建筑面积 868 平方米，占地面积 1554 平方米。

山门，坐西朝东，面阔 9.45 米，进深 4.95 米。三开间，二柱五檩五架梁，硬山顶木结构建筑。前后设实榻大门，门上悬"三官庙"匾，殿内南、北分别塑有手持宝剑、金丹的青龙、白虎神像。

钟楼和鼓楼，歇山顶木结构建筑，面阔 3.08 米，进深 3.08 米。两两相对，北为钟楼，南为鼓楼。

三官殿，坐西朝东，面阔 13.1 米，进深 5.75 米。三开间，四柱七檩五架梁，歇山顶前檐廊式建筑。檐枋上设五踩重昂斗拱，正间设隔扇门，次间前设隔扇窗。门上悬"洞贯三才"匾，明柱对联为"天之高地之厚

三官庙

水之深悬覃三界，赐其福赦其罪解其厄德被十方"。殿内正中设高大的神台，神龛中供奉道教三官大帝，中间为上元一品赐福天官紫微大帝，左边为中元二品赦罪地官清虚大帝，右边为下元三品解厄水官洞阴大帝。三官头戴道冠，身着道袍，手持笏板端坐神龛内。殿内墙壁上为周锦云制作的壁画"三官出巡图"。

旧时每逢三元节（阴历正月十五为上元节，七月十五为中元节，十月十五为下元节），蓬莱当地的官员、百姓都要到三官庙祭拜三官，以求赐福、免灾，三官庙香火旺盛。

三官殿南配殿，坐南朝北，面阔8.6米，进深4.9米。三开间，二柱五檩五架梁，硬山顶木结构建筑。神台上供奉福德星君和寿德星君，即福星和寿星。

三官殿北配殿，坐北朝南，面阔8.6米，进深4.9米。三开间，二柱五檩五架梁，硬山顶木结构建筑。神台上供奉五岳神之首黄飞虎和元始天尊门下云中子。

玉皇阁，坐西朝东，面阔9.7米，进深4.95米。三开间，四柱七檩五架梁，重檐歇山顶回廊式两层建筑。环以雕刻暗八仙图案挂檐板。一楼正间前设隔扇门，次间前设隔扇窗，二楼正间前设隔扇门，其余为隔扇窗。门上悬"玉皇阁"金匾，明柱对联为"太白托塔率九龙十二天将扬道法，暮鼓晨钟震四海九五仙尊布玄机"。阁内一楼神台正中供奉有身着九章法服，头戴珠冠冕旒，手持玉笏的玉皇大帝。左右侍神为身着道袍、手持拂尘的太白金星和金甲被身，手托宝塔的李天王。次间两侧设楼梯。

财神殿，坐南朝北，面阔7.4米，进深4.7米。三开间，二柱五檩五架梁，硬山顶木结构建筑。门上题额"福佑众生"，明柱楹联为"生财有道义为先，助人为乐福后来"。供奉文财神比干、范蠡，武财神赵公明。

文昌殿，坐北朝南，面阔7.4米，进深4.7米。三开间，二柱五檩五架梁，硬山顶木结构建筑。门上题额"亘古文宗"，明柱楹联为"职司天上文章府，专照人间翰墨林"。殿内正中神龛供奉文昌帝君，左右侍童为天聋、地哑。

三官庙是人们追寻精神寄托、心灵慰藉和心态平衡的场所，具有浓郁的地方宗教信仰特色。

三、新建展馆

1. 戚继光纪念馆

戚继光纪念馆，又称为水师府。南邻振扬门，北接校场，坐北朝南，为中轴对称两进仿古建筑，占地面积3220平方米，建筑面积1100平方米。戚继光纪念馆大门题额"水师府"，明柱对联为"先哲捍宗邦民族光荣垂万世，后生驱劲敌愚忧惨淡继前贤"。东、西两侧分别建有四柱斗拱飞檐碑亭，立有"忠"、"孝"字碑，二字相向，碑阴刻有戚继光与其父戚景通的生平。戚继光纪念馆内设六个展厅，采用了壁画、浮雕和泥塑相结合的艺术手法，通过立体、直观的场景，形象生动地再现了戚继光山东海防备倭、闽浙沿海抗倭、蓟州边关戍守、案头著书立说等历史画面，让人们从中领略一代名将的风采。

戚继光纪念馆建于1992年6月，1995年7月对外开放。2010年备倭都司府建成开放后，此处改作办公处所。

2. 登州古船博物馆

登州古船博物馆，坐落于蓬莱水城北小海东岸，仿古典园林式建筑。占地面积 1700 平方米，建筑面积 1360 平方米。1990 年正式对外开放，馆内设有三个展厅，是当时国内第二个陈列古船的专题博物馆。

古船博物馆正门为仿古彩绘牌坊，琉璃瓦覆顶，门额"神游"，隶书楹联"古船曾捍海疆犹存雄风壮华夏，博物长留仙境更有巧思昭蓬莱"。大门西侧大理石刻"登州古船博物馆"馆名，由前国防部长张爱萍题写。

一展厅，陈设蓬莱水城沙盘，南北两侧墙壁上展示登州港古代海内外交通图、登州港变迁图和唐船图，东、西展柜分别陈列山东梁山明代内河船、南京船、宁波船、韩国新安元代沉船等船模。

二展厅，主要展出 1984 年蓬莱水城小海清淤时出土的元代战船。战船南侧展柜陈列该船复原模型。东侧展出造船木、石碇、铁锚等造船、航海用具，其中最大的铁锚高 2.15 米，重 456 公斤，可供数百吨的海船使用。

三展厅，展出小海清淤和海上打捞的部分文物，其中包括网坠、滑轮等渔业捕捞用具，鹿角、碗盘等日常生活用品。这些小海清淤或海上打捞的古代器物，大多附着有

登州古船博物馆

海洋微生物，时代最早的可以追溯到新石器时期。

3. 蓬莱古船博物馆

　　蓬莱古船博物馆，位于蓬莱水城西南部，占地面积 8500 平方米，建筑面积 7900 平方米，主体建筑两层，一层位于地下。2008 年 6 月动工建设，目前土建工程完工，正在进行内部装修和陈列布展工作。经国内专家学术研讨定位，该馆计划以蓬莱水城出土的三艘古船为展览主线，通过介绍蓬莱古船在中国造船史、航海史上所处的地位、价值和技术成就，进一步展现登州港历史上在对外军事防御、文化交流、海外贸易等方面

蓬莱古船博物馆

所发挥的重要作用。

蓬莱古船博物馆内设有五个展示区：户外体验区、蓬莱水城海底沉船展示区、中国古代传统造船技术展示区、古代中国北方第一大港展示区、互动参与区。

户外体验区 在博物馆主体建筑屋面的古船展示台，摆放1∶1复制的三艘古船，为游人提供一个真实体验和了解古船的场所。根据考古研究复制的三艘古船，营造出战船停泊在港湾的景象。

蓬莱水城海底沉船展示区 室内采用原址展示方式，复原展示四艘古船。人们可通过位于复原古船上方的通道参观，通道两侧利用多媒体、图板、实物等展示蓬莱古船的发掘、结构特征、复原等，使游人仿佛进入时光隧道，产生身临其境的感受。

中国古代传统造船技术展示区 依中国造船发展史的顺序，展示人类自独木舟、斗舰、游舫、宝船到快船等古代船舶模型及其相关知识。

古代中国北方第一大港展示区 通过文物陈列、场景复原等手段，对历史上尤其是隋唐以来的对外文化交流，经济贸易往来，海上军事防御等方面地位和作用的发挥，展示登州港在中国古代海上丝绸之路和海防中的地位和作用，以及登州港的变迁与兴衰。

互动参与区 策划采用多媒体、3D动画、虚拟影像等技术，以唐宋繁华的登州港或明代海防为主题内容。设计游客参与海上探宝、古船组装、海上搏击、掌舵技术、操桨技术、古港物流、打水手结等互动项目，增强展览的参与性、交互性和趣味性。

第三章　抗倭名将戚继光故里

　　蓬莱是民族英雄戚继光的故乡。戚继光（1528—1588年），字元敬，号南塘，晚号孟诸。十七岁因祖先军功袭任登州卫指挥佥事，明嘉靖二十八年（1549年）中武举。嘉靖三十二年（1553年）进署都指挥佥事，领山东登州、文登、即墨三营二十四卫所兵马，操练水军整顿军备，负责山东备倭。嘉靖三十四年（1555年）调任浙江都指挥司佥事，司理屯田。升参将，镇守宁波、绍兴、台州三府，与倭寇三战三捷。后在义乌训练新军，创立"鸳鸯阵"，取得桃渚等九次大捷，史称"台州大捷"，因功升都指挥使。嘉靖四十一年（1562年）率军入闽抗倭，在横屿、兴化等地获胜，升都督佥事，任副总兵。后取得平海卫大捷，升福建总兵。嘉靖四十四年（1565年）戚继光率部入广东，扫平海盗吴平，广东沿海倭患基本平息。嘉靖三十二年到四十五年（1553—1566年），戚继光在沿海地区与倭寇海盗搏杀十四年，在战斗中大展才华，军事指挥艺术日臻成熟，策无遗算。他组建训练的戚家军攻无不克、战无不胜，是一支令倭寇闻风丧胆

的常胜军。他消灭了多年来横行无忌的倭寇，又转赴北部边镇，负责蓟州、昌平等镇防务，成功地抵御了蒙古侵略者的入侵。他一生转战南北，所向无敌，为巩固国防、保卫国家立下了不朽的功勋。戚继光不仅是一位功勋卓著的抗倭名将，而且在中国古代军事理论的研究和著述上也卓有建树，他的《纪效新书》、《练兵实纪》在中国古代十大兵书中独占两部，堪称军事典章中的瑰宝。同时他又是一位充满激情、才华横溢的诗人，著有《止止堂集》诗文集。戚继光集抗倭名将、军事理论家、将帅诗人于一身，功盖千秋，名垂万世。

戚继光六世祖戚详追随朱元璋推翻元朝，建立明朝，上念开国功勋，授予戚继光五世祖戚斌明威将军，世袭登州卫指挥佥事。自戚斌开始，戚氏族人一直聚居于蓬莱。戚继光的童年、少年和青年时期均在蓬莱度过，为官离任后又回到蓬莱故里颐养天年。时至今日，蓬莱城区的武霖村戚氏故里，仍有保存完好的戚家牌坊和戚继光祠堂。

1998 年，为更好地保护优秀历史文化遗产，弘扬戚继光的爱国主义精神，蓬莱市划定武霖村东至画河，南至牌坊街，西至磨盘街，北至钟楼西路的区域，保护性开发建设戚继光故里，通过恢复具有明代地方特色的官宦宅居，将故里建成展示戚继光光辉军事生涯的国防教育和爱国主义教育基地。戚继光故里项目总投资 1.8 亿元，项目总占地面积 9.2 万平方米，总建筑面积 3.1 万平方米。拆迁居民 165 户，拆迁居民房屋面积 1.27 万平方米，拆迁村集体厂房 2453 平方米。戚继光故里主体工程于 1999 年完工，2000 年 6 月完成陈列布展并对外开放。

戚继光故里景区包括：故里景区广场、戚家牌坊、戚继光祠堂、戚府、

戚继光兵器馆、大型浮雕壁画等。

1. 故里景区广场

　　故里景区广场，位于戚继光故里景区东端，南北长83米，东西宽32米，占地面积2656平方米。广场西南角横卧一巨石，上刻原国家军委副主席迟浩田手书"戚继光故里"。巨石上竖着题有戚继光诗句"一片丹心风浪里，心怀击楫敢忘忧"的刻石，是戚继光精忠报国思想情怀的真实写照。广场西侧戏

故里景区广场

台是为游览戚继光故里的客人们演出的地方，也是当地群众休闲娱乐的场所。

2．戚家牌坊

　　戚家牌坊，位于牌坊街东西两端。戚继光在东南平倭中连获大捷，名震天下，他以功勋获得殊荣。明朝廷为表彰戚继光在抗倭战争中的贡献，于嘉靖四十四年（1565年），为其修建了"母子节孝"坊和"父子总督"坊。"文革"期间，牌坊局部构件遭到人为破坏，1985年，对戚家牌坊局部损坏构件以水泥构件修补。戚家牌坊1987年被烟台市人民政府公布为市级文物保护单位，1992年被山东省人民政府公布为省级文物保护单位，1996年被国务院公布为全国重点文物保护单位。2003年，山东省文物保护中心对戚家牌坊缺失、残损构件制定方案，采用相同石料雕刻修复并做旧处理，修复构件主要有鳌鱼吻、翼角、雀替、次楼花板及枋上浮雕。同时对戚家牌坊的基座、立柱、额枋、龙门枋等表面断裂和风化剥落病害，采取了化学加固工程防护。

　　"母子节孝"坊和"父子总督"坊，两坊间距140米，规格一致，均为四柱三间五楼多脊石雕坊。面阔8.3米，进深2.7米，高9.5米。牌坊基座、立柱、抱鼓石护靠、定盘枋、坊顶选用花岗岩，枋、匾额、脊、兽等雕凿构件选用莱阳绿大理石雕凿而成。牌坊的整体结构采用侧脚做法，向内收敛。四根柱子为抹去棱角的方形，即讹角柱。立柱的东西两面各有抱鼓石护靠，造就了牌坊端庄稳重、傲然挺拔的效果。长方形的花岗岩基座，四周雕刻祥云纹。坊顶为歇山式，由重昂斗拱支撑并挑檐，斗拱两侧各镶嵌一朵三幅云。各正脊两端，饰有鳌鱼吻，正间正脊透雕

菱形纹，次间正脊透雕卷草纹。翼角出挑，上饰脊兽，翘然腾飞。屋顶瓦当纹饰雕刻清晰，四根定盘枋分别饰以祥云纹、莲瓣纹。梁柱接点处用透雕绣球雀替装饰。正间单檐，上置三枋。侧间重檐，各设两枋。

"母子节孝"坊是朝廷为褒扬戚继光的父亲戚景通和他的祖母阎氏而立。戚继光的祖母阎氏，二十四岁守寡，靠纺织度日，历尽艰辛抚养戚景通长大成材。戚景通以孝悌闻名乡里，弱冠之年即被举荐为孝廉，半生在登州及京城任武职，晚年因怀念老母，辞官还乡侍奉。母子节孝，有口皆碑。"母子节孝"坊正间上层定盘枋上正中竖置"圣旨"匾，其四周饰浮雕双龙戏珠纹，二层定盘枋上面枋板由四朵荷叶托起，东西两面镌书"母子节孝"。正间枋额阴刻楷书两行，上为"旌表赠特进荣禄大夫右都督戚宁妻一品夫人贞节阎氏"，下为"诰赠特进荣禄大夫中军都督府右都督荐举孝廉戚景通"。"母子节孝"坊正间东立面单额枋雕刻"丹凤朝阳"、龙门枋雕刻"凤凰卷云"、小额枋雕刻"威凤祥麟"；西立面单额枋雕刻"双龙戏珠"、龙门枋雕刻"南海大士与八仙"、小额枋雕刻"狮子绣球"。次间分别雕有凤凰、仙鹤、神鹿、麒麟、神兽等吉祥图案。近楼的栏心板镌有精致的宝瓶万年青图案。

"父子总督"坊是朝廷为表彰戚继光和他父亲的功绩而建。其父戚景通文武双全，累官登州卫指挥佥事、总督山东备倭、京城神机营副将、中军都督府右都督。戚继光是战功卓著的一代名将，时任东南数镇总兵。"父子总督"坊正间上层定盘枋上正中竖置"恩光"匾，其四周饰浮雕双龙戏珠纹。二层定盘枋上面枋板由四朵荷叶托起，东西两面镌书"父子总督"。正间枋额阴刻楷书两行，上为"诰赠骠骑将军护国都指挥使前总督山东备

戚家牌坊

倭戚景通"，下为"镇守浙福江广郴桂总兵都督同知前总督备倭戚继光"。"父子总督"坊正间东立面单额枋雕刻"双龙戏珠"、龙门坊雕刻"戚家军凯旋图"、小额枋雕刻"狮子绣球"；西立面单额枋雕刻"凤凰牡丹"、龙门坊雕刻"鱼龙云海"、小额枋雕刻"威凤祥麟"。次间分别雕有凤凰、仙人、麒麟、神兽等吉祥图案。近楼的栏心板镌有精致的宝瓶如意图案。

戚家牌坊是明代后期修建的大型石雕艺术品，四百余年来，经历地震、台风等自然灾害侵袭，依然耸立。牌坊坊体高大，设计合理，结构严谨，比例匀称，雕刻技法运用圆雕、透雕、高浮雕、浅浮雕、镂空雕等工艺，使一幅幅精美生动、巧夺天工的画面跃然石上。双龙戏珠、狮子绣球、威凤祥麟、瑞鹤翔云等图案纹饰精美华丽，布局脱俗，立意悠深，给人一种美的艺术享受，具有很高的造型艺术成就，代表了明代高超的石雕艺术水平。镂透雕"双龙戏珠"石龙怒目奋爪，摇头弄尾，如腾似飞，寓意吉祥喜庆；"威凤祥麟"中"凤"和"麟"是太平盛世、文风鼎盛的象征，是对当时社会的称颂；"瑞鹤翔云"寓意天下太平，又象征戚继光品格高尚脱俗；"丹凤朝阳"寓有完美、吉祥、光明的涵义；"狮子绣球"作为守护装饰和辟邪之用，也是权势的象征。"父子总督"坊上"戚家军凯旋图"和"母子节孝"坊上"南海观音与八仙图"，具有浓郁的地方色彩和内容上的独创性。戚家牌坊的修建，既体现了北方古代建筑高大雄伟的设计风格，又吸收了南方雕刻的细腻、精致与灵秀，融南北方工艺于一身，富有独特的建筑特色和艺术成就，为明代石雕工艺中的杰作，是国内少见的明代大型石雕珍品。

3. 戚继光祠堂

戚继光祠堂，位于府前街东侧。明崇祯八年（1635年），朝廷为褒扬戚继光的功绩，建祠纪念，赐额"表功祠"。戚继光晚年遭受政治排挤，去世四十多年后朝廷才为其修建祠堂，对戚继光来说，这是一份迟到的荣誉。祠堂于清康熙四十六年（1707年）重修，并建"忠"、"孝"碑亭，光绪六年（1880年）重修，民国期间进行过两次维修。戚继光祠堂在新中国成立前，由戚氏后裔管理，新中国成立后蓬莱县政府将祠堂的产权分给戚氏后裔。1966年，正祠内戚继光绣像被作为"四旧"砸毁烧掉，

戚继光祠堂

记述戚继光生平功绩的匾额下落不明，"忠"、"孝"碑被毁，碑亭亦被拆除。1973年，省政府拨款维修各建筑单体的屋面，砌筑东院墙。1985年，戚氏后裔将戚继光祠堂的产权转让给蓬莱县文化局，蓬莱县政府给戚氏后裔颁发了荣誉证书，并拨款建房安置。戚继光祠堂于1987年被烟台市人民政府公布为市级文物保护单位。蓬莱县文化局随即对祠堂进行全面修整，重做各建筑屋面，维修门窗，铺砌地面和院落，修整后花园，并设立了管理机构，1989年正式对公众开放。1992年，戚继光祠堂被山东省人民政府公布为省级文物保护单位。1998年，对祠堂的门厅、过堂、正祠屋面进行维修，更换朽烂望板、椽子，重做灰背，木构件油漆彩绘。

戚继光祠堂为三进院落家庙式建筑，由门房、过堂、正祠、后花园组成，占地面积596平方米，建筑面积131平方米。

门房坐东朝西，面阔8米，进深3.2米。三开间，二柱五檩五架梁，硬山顶建筑。玲珑正脊，合瓦屋面。门外两侧各有石狮一尊。门楣镶嵌三块透雕花板，门楣内悬挂"表功祠"黑底金字匾。门上阴刻对联"千秋隆祀典，百战著勋名"，横批为"海上威风"。

过堂坐东朝西，面阔8.1米，进深4.3米。三开间，四柱五檩五架梁，硬山顶前檐廊建筑。玲珑正脊，合瓦屋面，过堂前廊檐柱上，为1934年冯玉祥题写的"先哲捍宗邦民族光荣垂万世，后生驱劲敌愚忱惨淡继前贤"楹联。过堂内正中屏风上悬戚继光身着官服坐像。下方展柜陈列戚继光战刀，刀长0.89米，刀身窄长，刀柄上刻"万历十年登州戚氏"。室内另陈列《纪效新书》、《练兵实纪》、《止止堂集》、《戚少保年谱》以及戚家军当年食用的"光饼"等展品。

正祠坐北朝南，面阔 8.1 米，进深 5.6 米。
三开间，四柱七檩五架梁，硬山顶前檐廊建筑，
玲珑正脊，合瓦屋面。门上匾额为"戚武毅
公祠"，楹联为现代作家郁达夫所撰"拔剑光
寒倭寇胆，拨云手指天心月"。廊东侧墙壁上
嵌有清纪焜迥《谒武庄公祠》刻石一方：

韬钤虎豹阵鸳鸯，腹有雄兵百万藏。

一片石西坚垒在，三神山畔古祠荒。

绯袍异代瞻遗像，宝剑当年赐尚方。

日暮备倭城上望，余威犹靖海波扬。

正祠内塑戚继光坐像一尊。塑像后方两
侧为隶书对联："封侯非我意，但愿海波平。"
坐像西侧屋檩悬挂郁达夫题现代书法家刘艺
书"丰功伟烈"匾，东墙挂置戚继光生平简
介及戚继光征战足迹示意图。西墙挂置戚继
光抗倭作战地图、浙闽抗倭图。

正祠院内的一棵明代银杏树，胸围 2.67
米，高 17 米，冠幅 14.9 米，树干通直钻天挺
拔，枝叶繁茂遮天蔽日，已生长 400 余年，
是蓬莱城内树龄最大的古代银杏树。

后花园内"忠"、"孝"二碑为高英所书，
重立于 1986 年。园内西南角的一棵明代侧柏

银杏

侧柏

树，胸围 1.56 米，高 7.5 米，冠幅 5.7 米，树龄 400 余年。枝条舒展，姿态柔美，虬曲盘旋，傲然独处。

4. 戚府

戚府，位于牌坊街北侧，占地面积 1.9 万平方米，建筑面积 2210 平方米，由正门、横槊堂、止止堂、悠憩堂、上房、孟诸书屋、孝思堂、望云楼、后花园等建筑组成。

正门，面阔 9.06 米，进深 3.6 米。三开间，三柱五檩五架梁，硬山顶建筑。门口两侧设有石狮、旗杆、上马石、拴马桩等，上马石前立雕塑战马一匹，正门外檐下两侧立明军士兵站像两尊。大门上悬现代书法家张荣庆书"戚府"

戚府

匾额及"天下太平文不爱钱武不惜死，乾坤正气下为河岳上为星辰"楹联。

进入正门有垂花门与二进院落相连，门上有现代书法家丛文俊书匾额"昊天无涯"，门内两侧设回廊与横槊堂东西厢房相连。

横槊堂，面阔 16.13 米，进深 8.78 米。五开间，三柱六檩五架梁，为硬山顶前檐廊建筑，檐下悬挂现代书法家何应辉书"横槊堂"匾额，檐柱挂现代书法家孙伯翔书"千年击楫前贤志，万里投笔羡请缨"楹联。堂名出自戚继光的诗文集《横槊稿》，厅内正面屏风悬挂《春山行旅图》，图两边为"气节如贞金烁石，心神似秋月春风"对联。屏风两侧为戚继光的"封侯非我意，但愿海波平"的诗句。横槊堂用花罩分隔室内空间，花罩雕松、竹、梅、牡丹等图案。东次间展示戚继光、陈瑄、卫青、袁可立、李承勋等明代抗倭将领的画像及简介，西次间展示戚继光与各将领商讨沿海布防，制定海防策略的场面。

横槊堂东、西厢房，面阔 8.96 米，进深 3.6 米。三开间，三柱七檩六架梁，卷棚顶前檐廊建筑。陈列明代戚继光、谭纶、俞大猷、胡宗宪等十四名抗倭军事将领塑像及简介。

止止堂，面阔 15.36 米，进深 7.4 米。五开间，四柱七檩五架梁，为硬山顶前檐廊建筑。檐下挂现代书法家李刚田书"止止堂"匾额，檐柱挂现代书法家曹宝麟书"髫龄负奇气读书知节，壮岁驱寇倭报国靖边"楹联。堂名出自《庄子》中"虚室生白，吉祥止止"的典故。止止堂正中屏风悬挂山水图，图两边为程毓琴书"天上秀色云铺就，世间佳文血凝成"对联。两侧柱子上悬挂李刚田书"开卷神游千载上，垂帘心在万山中"楹联。止止堂用花罩分隔室内空间，花罩上雕向日葵、蕉叶、缠枝纹等图案。东次间展示戚继

光在书案前苦读兵书的场景。戚继光身后设置屏风，书案上陈放笔架等文房四宝及部分书籍。西次间为戚继光休息室，陈列部分明式家具等。

止止堂西厢房，面阔6.8米，进深3.8米。三开间，硬山顶建筑。这里陈列戚继光任山东总督备倭都指挥金事时，签批押解犯人所用的信牌，戚继光"独醒石"、"休休台"手迹拓片，以及各地留存记载戚继光功德的碑刻拓片等。

悠憩堂，面阔16.04米，进深7.4米。五开间，四柱七檩五架梁，为硬山顶前后檐廊建筑。檐下挂现代书法家孙伯翔书"悠憩堂"匾额。室内用圆光罩分隔东西次间。东次间陈列戚继光《叱马过幽州》《送小山李先生归蓬莱》手迹复制件。摆放衣架、圆凳、仿明手炉及铜脸盆等生活器皿，东梢间设有楼梯供上下阁楼。西次间墙面挂山水四页联画，中间以"封侯非我意，但愿海波平"竖联明其心志，西梢间陈列架子床。悠憩堂是戚继光内宅、起居之所。

悠憩堂东西厢房，面阔6.98米，进深3.8米。三开间，卷棚顶建筑。集中展示浙江、福建等省为了纪念戚继光在东南沿海抗倭的丰功伟绩而修建的戚继光公园和戚公塑像的照片等。

孝思堂，面阔9.64米，进深6.4米。三开间，四柱七檩五架梁，硬山顶前后檐廊建筑。门上悬刘文华书"孝思堂"匾额，两侧檐柱有段成桂书"祖功千秋远，宗德绍述长"楹联。室内陈列戚氏前十世祖谱，戚继光历代先祖简介，戚景通和戚继光父子墓志铭拓片和400多年来福建、浙江、蓟州等地人民为纪念戚继光而建的纪念馆、祠堂、立碑的照片，还有以戚继光名字命名的地名、路名、山名以及戚继光的手书拓片等。

孟诸书屋，面阔10.16米，进深5.6米。三开间，三柱六檩五架梁，硬山顶前檐廊建筑。前廊东西墙砖雕分别为松、竹图。檐下悬挂现代书法

家段成桂书"孟诸书屋"匾，檐柱有现代书法家丛文俊书"书中乾坤大，笔下天地宽"楹联。

望云楼，面阔9.6米，进深5.5米。三开间，二层楼阁式建筑，玲珑正脊，合瓦屋面，檐下挂现代书法家曹宝麟书"望云楼"匾额，楼前明柱挂现代书法家何映辉书"翘首五云宫阙近，灵气常映太平拢"楹联。

后花园，是戚继光幼时玩耍的地方，占地面积2300平方米。园内亭、台、楼、阁交错辉映，小桥、流水、奇石、古木错落其间，布局精致。

5. 戚继光兵器馆

戚继光兵器馆，位于戚府的对面，由大门、东西展室、院落等组成，占地面积730平方米。展室均坐北朝南。东展室面阔21.8米，进深4.6米。七开间，三柱五檩五架梁，硬山顶前檐廊建筑。青砖正脊，合瓦屋面，六间展室中的四间设隔扇门，两梢间设隔扇窗。西展室面阔8.7米，进深4.6米。三开间，二柱六檩五架梁，硬山顶建筑。青砖正脊，合瓦屋面，正间设隔扇门，次间设隔扇窗。

兵器馆分室内陈列和露天展出两部分，全面系统地展示了戚继光一生发明、改进的新武器以及创造的新阵法。室内陈列以

戚继光兵器馆

展柜与沙盘的形式，展出了狼筅、镗钯、加刀棍、钩镰、撩钩、火砖、瓷蒺藜、喷筒、鸟铳等新型武器，在东南沿海抗倭战争中，戚家军使用的大福船、叭喇唬船、八桨船、哨马船等战船模型；同时展出的还有戚继光在东南沿海抗倭战争中创造的鸳鸯阵法，这是一种攻防兼备的新型战法，通过藤牌、短刀、狼筅、长枪、镗钯等长、短兵器的配合使用，在对倭寇战斗中，可以有效地保护自己并杀伤敌人，极大地提高了整体战斗力。露天展出的有虎蹲炮、无敌大将军炮、火箭车、望杆车、偏箱车等。

6. 戚继光浮雕壁画

浮雕壁画位于父子总督坊东部，长50米，高4米，由现代青年美术家苏海清创作。壁画分为将门世家、军民同乐、汤前阅兵、回归故里四个主题，再现当年戚继光驰骋疆场、戎马一生的场景。

将门世家壁画：戚继光六世祖戚详是明朝开国功臣，其子戚斌世袭登州卫指挥佥事，移居蓬莱。戚继光的父亲戚景通官至山东总督指挥使。戚继光自幼受到良好的家教师导，崇文尚武、忠孝两全，是一位文武兼备的儒将。戚继光的两部兵书《纪效新书》、《练兵实纪》，是古代军事思想宝库中的一颗明珠。画面展现戚继光静坐书案读书著述、运筹帷幄、决胜千里的儒将风采。充分反映了戚家家族正气、历代尽忠尽孝，勤政倡廉的高尚情操。

军民同乐壁画：戚继光浙闽抗倭，转战南北，屡摧倭寇，解救沿海人民于倒悬。戚家军所到之处，号令金石，秋毫无犯，受到群众的拥护和爱戴。军队入城"百姓淅米而炊，扫榻以款士卒，如大宾贵客"。画面表现的是戚家军大捷后，士兵欢呼，群众欢迎的场面。

戚继光浮雕壁画

　　汤前阅兵壁画：戚继光镇守蓟州期间，练南兵，整营伍，修敌台，造武器，创造了以墙、台、堑严密防守，车、步、骑协同作战的新战法，使京师未警、边陲安然。画面展现隆庆六年（1572 年）时，戚继光在汤前（河北遵化县）举行的历史上规模最大的一次车步骑三军配合作战的军事演习场景。充分显示了戚继光的军事才能。

　　回归故里壁画：由于明廷昏庸，奸臣当道，戚继光晚年在政治上受到排挤。他在疆场上是战无不胜的将军，但在政治斗争中却束手无策。先是被贬调到广东，一年后又被解职归田。画面表现的是戚继光回归故里后，修立家祠、资修蓬莱阁、读书写作、整理往昔函牍的晚年生活场景。

第四章　仙境新景

为发展壮大蓬莱旅游事业，1987 年以后，蓬莱市在蓬莱阁古建筑群、蓬莱水城、戚继光故里之外又陆续开发建设了田横山文化公园、登州博物馆、蓬莱阁全周影院、蓬莱阁跨海索道、蓬莱文化广场等景区、景点，为古老的蓬莱仙境又增添了一道道亮丽迷人的新景观。

1. 田横山文化公园

田横山，又名田公寨、老北山，位于蓬莱阁西，东与丹崖山相衔，北临渤、黄二海，南望蓬莱市区，西临蓬莱海港。整个景区占地面积 30 万平方米，古迹史踪与山情海韵交相辉映，成为与丹崖仙阁相协调的绿色背景。

据民间传说，公元前 202 年，刘邦一统天下之际，齐王田横不肯臣服，率五百壮士于此山筑寨为营。韩信前来劝降，田横遂自刎身亡。五百壮士闻之，皆以身殉义。这就是广为传颂的"田横五百士"故事。后人为

纪念田横与五百壮士，便将此山称为田横山。

田横纪念广场，位于田横山东南坡，由《祭田横墓文》石刻和《田横与五百壮士》浮雕壁画组成。《祭田横墓文》是唐代文学家韩愈去洛阳路经田横墓时，为悼念田横而写的祭文。此刻石为文化公园奠定了文化基调。《田横与五百壮士》浮雕壁画是根据现代画家徐悲鸿同名油画仿制而成。壁画人物造型逼真生动，对突出田横山文化公园的主题起到了画龙点睛的作用。

三生石，以佛教所说的前生、今生和来生，寄予人生的过去、现在

田横山文化公园

《田横与五百壮士》浮雕壁画

和将来，通过"心心相印"、"花好月圆"、"福寿双全"三组刻石，祝福
人生幸福美满、好运常在。

翠薇廊，位于田横山东南麓，依山而建，造型别致，春夏紫藤攀援其上，
秋冬落英飘洒其间，是人们休闲、观景的理想场所。

瀚海亭，位于翠薇廊东，亭名为现代书法家王遐举书。在亭中伫立
眺望，烟波浩渺，舟楫纵横，水波荡漾，风光旖旎。

田横寨遗址，东西长 120 米，南北宽 80 米。南侧"田横寨遗址"石碑为现代书法家康殷题写。西侧田横雕像气宇轩昂，雄姿凛然。田横纪念柱高 7 米，采用花岗岩雕凿而成，四面浮雕"聚事"、"演练"、"进攻"、"建国"场面。田横纪念柱南摆放齐王鼎，高 2.85 米，直径 2.3 米，巍然矗立，气势庄重。鼎下为濯缨泉的源头，泉水汩汩而出，千回百转，潺潺有声，净手涤足，风情横生。

逍遥麓，又称春夏秋冬广场，在东西南北四个方向置有青龙、白虎、朱雀、玄武石雕。东南、东北、西北、西南四方立有春夏秋冬四时柱。游人来此，悠闲信步，寄情山水，不胜陶然。

孙子兵法汉简，雕凿于花岗岩石板上，录有《孙子兵法》的全部内容。徘徊兵书简册之间，不禁使人产生"运筹帷幄之中，决胜千里之外"的感叹。

幸福园，立意"幸福姻缘"的主题，集喜庆、休憩、娱乐、游览、健身于一体。入口的巨大石门，暗合着"不是一家人，不进一家门"的俚语。如今，新人们在结婚时都会来此摄像留念，祈盼婚姻幸福。

烽火台，是田横山的制高点，原为明代登州卫下辖的报警墩台，现改建"观景台"。平台呈椭圆形，东西长 8 米，南北宽 7 米，高 2 米，以红色大理石铺成指针图案，标示东西南北四个方向。

合海亭，占地面积 1029 平方米，为八角十六柱双层楼阁式建筑。亭内置合海巨钟一口，直径 2 米，高 3.38 米，重 6000 公斤，钟上有铭文："蓬莱仙境，自古名扬。风云际会，众仙昂藏。蜃楼海市，妙显苍黄。秦皇汉武，祈祉祷康。黄渤二海，息涛隐狂。金鳌观合，共享天光。钟声晨

合海亭

起，披于遐荒。因焉名得，神歆其芳。归寺长揖，国运盛昌。以铭以颂，酹酒盈觞。公元贰仟零壹年伍月 江东十翼范曾撰书。"往北沿石阶而下，有三间四柱冲天式牌坊，名题"风烟绝胜"四字。

得道轩，位于合海亭南，轩名由现代书法家沈鹏题写。轩前有明廊，立有《田横山记》碑，两侧圆门上嵌有刻石，南为"戴月"，北为"连天"。

海市亭，位于山北半山腰，亭名为现代收藏家周怀民书。游人可在此纳凉小憩。往东沿石阶而下，可前往田横山栈道。

2. 田横山栈道

田横山栈道位于田横山后海悬崖上，1998年修建。田横山后海悬崖

最高 41 米，田横山栈道是在这陡峭的悬崖岩壁上人工开凿的栈道，它起止于东西两簇岩石海岸，横贯整个崖面，如长虹卧波，气势恢弘。栈道全长 220 米，高 2 米，宽度依山形地势为 1—3 米不等，木栏杆东起回仙洞，西抵老虎洞。这条栈道，使田横山悬崖绝壁变为坦途，珠玑岩自然风光展现人前。游人行走其上，如同凌波漫步，正可谓"脚踏万顷碧波，头顶危岩绝壁"。在这里依崖观海，烟波浩渺，抚今怀古，情趣盎然。

田横山栈道

3. 登州博物馆

登州博物馆

登州博物馆位于蓬莱阁古建筑群西侧，占地面积3000平方米，建筑面积1500平方米，是蓬莱市综合性地志博物馆。该馆建筑风格与蓬莱阁古建筑群和谐相融，整体造型似一座古城，馆名由现代书法家范曾题写。登州博物馆陈列形式新颖，专题展览突出，展示服务功能完备，安防设备配套齐全，2009年被定为国家三级博物馆。

馆内分设"古城遗韵"、"千年古港"、"海防重镇"、"文物精华"、"名人故里"五个专题展厅，陈列展示三百余件文物，全面反映登州地方历史文化。古城遗韵厅通过登州古城和蓬莱水城沙盘模型，展现了登州古城的历史渊源、规划布局与人文景观，包括庙宇、祠堂、牌坊等建筑，展出隋代佛造像题记石幢，唐代汉白玉佛像，苏东坡、董其昌手迹刻石等文物。千年古港厅反映了登州水城作为我国北方"海上丝绸之路"的重要港口，与朝鲜、日本之间的经贸文化交往，展出1984年蓬莱水城小海清淤出土的紫檀木舵杆、历代船用锚具、水下出土的磁州窑龙凤纹瓷罐等文物。海防重镇厅体现了登州是宋、元、明、清时期重要的军事海防基地，展出明洪武年间铸造的碗口炮，清道光年间铸造的铁炮、石炮弹、

铁炮弹、弩机等文物。文物精华厅展出西周和春秋时期的青铜器、历代的精美瓷器，其中唐褐彩贴花执壶、宋刻牡丹纹执壶制作工艺高超，保存完好，堪称传世珍品。名人故里厅简介民族英雄戚继光、礼部尚书陈鼎、沙澄、刑部尚书陈其学、著名将领宋庆、孚威上将军吴佩孚等蓬莱乡贤，他们闻名于世，留存青史。

4. 蓬莱阁全周影院

蓬莱阁全周影院坐落于蓬莱阁古建筑群西侧，南与登州博物馆相邻，建于 1996 年，占地 3500 平方米，建筑面积 1200 平方米，是当年胶东第一座高科技环幕影院。蓬莱阁全周影院观众厅面积 320 平方米，可同时容纳 400 名观众全方位自由观赏。影院幕布由 9 幅高 5 米、宽 7 米的幕块组成，采用 9 部放映机同时放映，组成 360 度全方位画面，配有环绕立体声音响，场面宏大逼真，声音真切，有强烈的立体感和参与性，观众置身其间观看电影，

蓬莱阁全周影院

会产生身临其境之感。影院先后放映具有民族风情的国产影片《华夏掠影》和美国自然风光片《夏威夷》。极富动感的炫彩影像，让观众始终沉浸在无比新奇的感受之中。

跨海索道

5.跨海索道

1993 年，蓬莱阁丹崖山与田横山之间，跨越波光粼粼的黄海，架起一条跨海观光索道，这条由北京起重运输机械研究所设计，辽宁锦西杨家杖矿务局安装的索道全长 481 米，高点海拔 50.7 米，与最低点相对落差 26.3 米，是山东省第一条跨海索道。采用单线循环固定抱索器，半封闭结构吊椅式设计，共设吊椅 60 个。乘坐跨海索道，环顾仙山琼阁，俯瞰万里澄波，会不由自主地产生一种飘然欲仙的感觉。

6.蓬莱文化广场

蓬莱文化广场位于蓬莱市区钟楼北路北端，地处黄海之滨，西与蓬莱阁相望，建于 2000 年，占地面积 63000 平方米。广场景观以南北为主轴，采用"中心开花，一主四副"的格局，形成绿化包围中的景观层次，

蓬莱文化广场

具有休闲观览、集会表演的综合性特点。

文化广场东、南、西、北设四个入口，用方位和地域特征命名点题，分别为"东瀛海市"、"南望登州"、"西探蓬莱"和"北渡方丈"。

广场中心是直径120米的圆形表演场地，以"明珠仙阁"为中心，环形水池环绕着直径30米的中心表演台。水池内设音乐喷泉，每在演出时随音乐强弱喷涌水幕，幻化出云雾迷蒙、楼台叠映的奇妙景象。

文化广场设六组圆弧形观众看台，每组看台设十四排座席，按阶梯递进高低排列，共5022个座位。在看台外围墙壁雕刻"登州史话"浮雕，分别为："闻说海上有仙山"、"登州帆影溯上古"、"渡海有方即神仙"、"苏公遗爱传千秋"、"身到蓬莱即是仙"、"击楫沧波我独醒"、"海市奇观今犹在"。这些具有代表性的内容，充分展示了蓬莱独特的地域文化。

文化广场外围圆形廊道上建有蓬莱八景石雕立柱，内容是与蓬莱阁相关的景观："仙阁凌空"、"神山现市"、"晚潮新月"、"日出扶桑"、"万里澄波"、"狮洞烟云"、"万斛珠矶"、"渔梁歌钓"。浮雕画面配以清代诗人徐人凤的诗文咏唱，展现了蓬莱独有自然景观的古意神韵。

文化广场四周，另有明珠园、万花园、海市诗苑、神迹佛苑衬景点缀。

文化广场西北角悬挂——蓬莱"世界和平锣"，为2004年第五届中国蓬莱"和平颂"国际青少年文化艺术盛典期间，印尼世界和平委员会赠送。

中国蓬莱"和平颂"国际青少年文化艺术盛典，自2000年以来已成功举办九届。每届的艺术盛典活动通过万人万米书画艺术展、街头音乐会、世界电影展播、大型文艺演出以及"和平与发展"高层论坛等形式，吸引着世界各地众多的青少年和国际友人前来参加，并于2006年被确立

为亚太地区联合国教科文组织协会常规活动。

7. 八仙群雕

八仙群雕位于蓬莱市区钟楼北路北端，濒临黄海海岸，东望八仙渡，西观蓬莱阁，南邻蓬莱文化广场。2001年在原"三山门"基础上改建而成。

八仙群雕采用淡红色花岗岩雕凿而成。雕像群高8米，东西长18米，南北宽5.9米。群雕由中国工艺美术学院白澜生教授设计，烟台开发区科学环境艺术公司制作。它采用传统塑像制作与现代雕刻艺术相结合的手法，以蓝天、大海为背景，180度大视角表现形式，仙山琼阁掩映，云拥浪托其间，展示出八仙各自亮持法宝，彰显神通，飘然过海的场景。八仙群雕定格的这一瞬间，正是对"八仙过海，各显神通"这一家喻户晓美丽传说的生动再现。如今的八仙群雕作为蓬莱市标志性景观之一，已成为往来游人又一个驻足观赏、摄影留念的好去处。

八仙群雕

第五章 撷英集萃

一、名家碑匾

1.清铁保书"蓬莱阁"匾

"蓬莱阁"匾，悬挂于蓬莱阁主阁二楼北壁上方。匾为木质，长 310 厘米，高 130 厘米，其上蓝底金字楷体横书"蓬莱阁"三字。书者铁保

铁保书"蓬莱阁"匾

（1752—1824 年），字冶亭，号梅庵，满洲正黄旗人，清中期乾隆、嘉庆、道光年间著名文学家、书法家。他优于文学，长于书法，词翰并美。与翁方纲、刘墉、永瑆并称清代乾嘉"四大书法家"。"蓬莱阁"三字风格苍郁，饱满浑厚，遒劲有力，堪称清代书法杰作。该匾旧有上、下款识毁于"文革"，现存"嘉庆九年甲子七月之吉、铁保书"款识均为后补。

　　该匾是蓬莱阁古建筑群中仅存的一块古代名人书法巨匾，吉光片羽，弥足珍贵。

2. 宋苏轼《海市诗》及《书吴道子画后》碑刻

　　碑刻位于蓬莱阁卧碑亭中，花岗岩质地，长 217 厘米，高 92 厘米，厚 23 厘米。因其横置地面，故又被称为"卧碑"。正面刻有《书吴道子画后》和《跋吴道子地狱变相》节录，行草阴刻；背面刻有苏轼所作《海市诗》，楷书阴刻，均系金皇统年间（1141—1149 年）据原帖重刻。苏轼（1037—

苏轼《海市诗》及《书吴道子画后》碑刻

1101 年），四川眉州人，是北宋著名的文学家和书画家，"唐宋八大家"之一。他于北宋元丰八年（1085 年）在登州任职，其留下的《海市诗》是较早的一首歌咏蓬莱海市的诗文，因其出自一代文豪，文以人重，地以文传，蓬莱海市从此名扬天下。由此，该卧碑格外受到珍视。

3. 明薛瑄《咏海》碑刻

《咏海》碑刻嵌于苏公祠内东墙，高 40 厘米，宽 178 厘米，行书阴刻，保存完好。诗文为明正统元年（1436 年）薛瑄调任山东督学金事时所写，诗中"沧溟倒浸红楼影，通衢四达尘埃静。已应持节是明时，况复观风得佳境"的句子，描绘出作者春日拂晓登丹崖山望海时所见、所想。薛瑄（1389—1464 年），山西河津人，明代著名理学大师，为孔庙从祀先儒之一。

碑刻为明万历年间登州知府蔡叔逵书丹上石，诗后附有跋语："蓬莱

薛瑄《咏海》碑刻

海山环峙，景多奇胜，昔文忠苏公、文清薛公先后游此，皆诗以咏之。夫二公文章无赖于蓬莱之景，而蓬莱之景实借二公以增重于天下，故抚景诵诗足称二绝。"

《甲子仲夏登署中楼观海市》碑刻

4. 明袁可立撰，董其昌书，温如玉刻《甲子仲夏登署中楼观海市》碑刻

《甲子仲夏登署中楼观海市》碑刻嵌在避风亭内壁，共九方，高50厘米，总长732厘米，行书阴刻。诗文为袁可立所写，描述海市最为真切得体。袁可立（1562—1633年），河南睢县人，明天启二年（1622年），袁可立任登莱巡抚。字为董其昌书，其书圆润苍劲，俊逸飘洒。董其昌（1555—1636年），上海松江人，明代后期著名画家、书法家。碑刻出自镌刻高手温如玉，温如玉，苏州人，侨寓青州，工真草隶篆，明天启年间，温如玉曾历经七载完成了《淳化阁帖》的翻刻工程，因摹刻谨慎，铁笔传神，被誉为墨林至宝。刻此石时温如玉技艺已臻化境，故董其昌于尾跋中盛赞其"勒石得法"，使董书增色，以至于"可敌长公（苏轼）之笔"。这九方碑刻堪称珠联璧合之作，可谓萃一代之技艺，乃书坛之瑰宝，被誉为"三绝碑"。

王鑨《登蓬莱阁》、《蓬莱阁观海市》碑刻

5.清王鑨《登蓬莱阁》、《蓬莱阁观海市》碑刻

《登蓬莱阁》、《蓬莱阁观海市》碑刻嵌于蓬莱阁东厢东墙，汉白玉质地，高50厘米，宽106厘米，隶书阴刻。诗文为清顺治五年（1648年）时任山东提学道按察司金事的王鑨所作。王鑨（1608—1672年），河南孟津人，王鑨于山东任职期间，登临蓬莱阁，目睹蓬莱阁高耸丹崖山巅，海市蜃楼虚幻缥缈的美景，不胜感怀，乃效仿崔颢的《黄鹤楼》，李白的《凤凰台》、《鹦鹉洲》作诗。诗中对蓬莱阁自然景观描写简洁细腻，并发出"我自登临观造化，古今无尽是文章"、"欲从海上觅仙迹，令人可望不可攀"的感叹，诗文余韵悠长，意境耐人寻味。

6. 清施闰章《观海市歌小引》碑刻

《观海市歌小引》碑刻嵌于避风亭内东壁，高38厘米，长350厘米，行书阴刻。诗文作者施闰章（1618—1683年），江南宣城（今属安徽）人，清初诗人，与莱阳宋琬齐名，时称"南施北宋"。康熙间曾提督山东学政。诗中有"大竹盈盈横匹练，小竹湛湛浮明珠"、"方圆断续忽易位，明灭低昂倾刻殊"的描写，当是目睹海市奇观之作，颇耐玩味。诗作文笔清丽舒雅，书法也十分清劲秀顺。

施闰章《观海市歌小引》碑刻

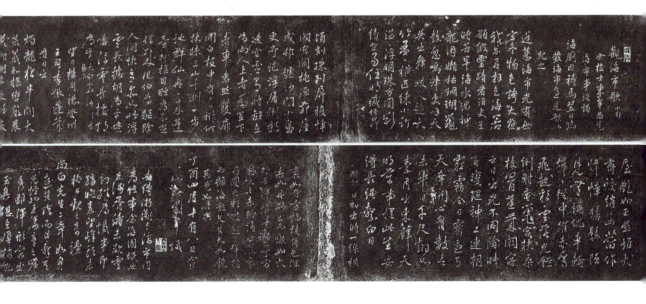

崔应阶《登蓬莱阁》碑刻

7. 清崔应阶《登蓬莱阁》碑刻

《登蓬莱阁》碑刻嵌于蓬莱阁东厢东墙，汉白玉质地，高132厘米，宽66厘米，行书阴刻。诗文为清乾隆二十八年（1763年）崔应阶任山东巡抚时所写。崔应阶（1699—1780年），湖北武汉人，曾任山东布政使、山东巡抚，官至左都御史。诗文描写作者花甲之年重游蓬莱阁时感怀世事变迁，赞美山海风光。面对神仙虚幻、长生难求的人生现实，发出"朱颜大药求难得，碧海青山境即仙"和"梯航是处皆来享，不数鱼盐管子才"的感叹。

8. 清翁方纲临苏轼《海市诗并序》碑刻

翁方纲临苏轼《海市诗并序》碑刻嵌于苏公祠内西墙，高95厘米，宽184厘米，楷书阴刻，保存完好。碑刻右下角刻有"原迹今尚在，非作字也。翁方纲记"，表明此碑诗文为苏轼撰写，书法为翁方纲临摹苏轼。翁方纲(1733—1818年)，直隶大兴（今属北京）人，与刘墉、铁保、永瑆并称"清四大书家"。乾隆五十六年至五十八年(1791—1793年)，翁方纲曾提督山东学政。

观此碑刻运笔沉酣，笔画丰满，筋劲骨健，妙得神韵，是翁方纲的临摹书作精品之一。

翁方纲临苏轼《海市诗并序》碑刻

杨本昌《重修登州蓬莱阁记》碑刻

9. 清杨本昌《重修登州蓬莱阁记》碑刻

《重修登州蓬莱阁记》碑刻立于蓬莱阁前东侧，大理石质地，高248厘米，宽100厘米，楷书阴刻。碑刻为杨本昌撰写。杨本昌，云南南宁人，清嘉庆二十三年至道光元年（1818—1821年）任登州知府。

碑文主要记述嘉庆二十四年（1819年）大规模重修蓬莱阁、宾日楼、避风亭等古建筑的历史史实，是研究蓬莱阁历史沿革的重要资料。

10. 清豫山《重修蓬莱阁记》碑刻

《重修蓬莱阁记》碑刻立于蓬莱阁西配殿内，大理石质地，高183厘米，宽82厘米，楷书阴刻。碑刻为豫山撰写。豫山，满洲正黄旗监生，清同治元年至同治四年（1862—1865年）任登州知府。

碑文记述了明代四次维修蓬莱阁和清同治五年（1866年）修缮蓬莱阁、修补山城、迁建苏公祠、增修澄碧轩等历史史实，是研究蓬莱阁历史沿革的重要资料。

豫山《重修蓬莱阁记》碑刻

11. 清英文《重修天后宫记》碑刻

　　《重修天后宫记》碑刻嵌于天后宫正殿前廊东壁，大理石质地，高78厘米，宽150厘米，楷书阴刻。碑文为英文撰写。英文，满洲旗人，清道光十年至十九年（1830—1839年）任登州知府。

　　碑文记述了天后宫在清道光十六年（1836年）毁于火，第二年由知府英文捐俸倡议，地方集资重修的历史史实。

英文《重修天后宫记》碑刻

《碧海清风》碑刻

12. 清鲁琪光《碧海清风》碑刻

《碧海清风》碑刻嵌于蓬莱阁北墙后壁，大理石质地，高 86 厘米，宽 243 厘米，行书阴刻，四字横书。作者鲁琪光（1826—1895 年），江西南丰人，清著名书法家。清光绪十六年（1890 年）初秋，鲁琪光由登州知府升任济南知府，即将离开蓬莱时所作。笔墨醋饱端凝，用笔清劲秀逸，是鲁琪光较为成熟的作品之一。

13. 冯玉祥《碧海丹心》碑刻

　　《碧海丹心》碑刻嵌于蓬莱阁前院南墙，大理石质地，高89厘米，宽345厘米，楷书阴刻，四字横书。字大逾尺，苍劲凝重。1934年5月，民国时期著名爱国将领冯玉祥偕友国民党元老李烈钧游蓬莱阁时所书。其时冯受蒋介石挟制而下野，抗日壮志未酬。李亦不满于蒋，力主冯再度出山挽救民族危亡，故李于蓬莱阁下书就一联："攻错若石，同具丹心扶社稷；江山如画，全凭赤手挽乾坤。"冯即以"碧海丹心"为额，表达了自己的爱国情怀。后人刻石存念。

《碧海丹心》碑刻

二、领导人留墨

1. 叶剑英题词

题词为："蓬莱士女勤劳动，繁荣生活即神仙。"款署："叶剑英 一九六〇年八月十三日。"宣纸本，立轴墨书，纵130厘米，横64厘米。此为1960年夏，叶剑英元帅游览蓬莱阁后所留题词。叶剑英（1897—1986年），中华人民共和国开国元勋。曾任国防部长、全国人大常委会委员长。

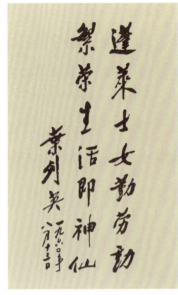

叶剑英题词

2. 董必武题诗

题诗为："来游此地恰当时，海国秋风暑气吹。没有仙人有仙境，蓬莱阁上好题诗。"款署："一九六四年八月董必武题。"宣纸本，立轴墨书，纵132厘米，横67厘米。此诗为1964年董必武副主席游览蓬莱阁时所题。董必武（1886—1975年），曾任中华人民共和国副主席、代主席，全国人大常委会副委员长。

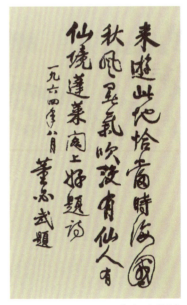

董必武题诗

3. 华国锋题字

　　题字为："海空奇观。"款署："蓬莱胜景海市蜃楼，举世闻名欣然题之。华国锋　癸酉仲夏。"宣纸本，横幅墨书，纵 61 厘米，横 205 厘米。此字为 1993 年华国锋同志游览蓬莱阁时所题。华国锋（1921—2008 年），曾任中共中央主席、中央军委主席和国务院总理。

华国锋题字

第六章　山海奇观

一、蓬莱海市

　　海市蜃楼是难得一见的天下奇观，它神秘缥缈，变幻莫测。古人认为这种现象是海中蜃气生成，故名海市蜃楼。中国古籍很早就对海市蜃楼进行了记载，《史记·天官书》记："海旁蜃气像楼台，广野气成宫阙然。"晋人伏琛在《三齐略记》中说："海上蜃气，时结楼台，名海市。"南宋林景熙在《蜃说》中描述："第见沧溟浩渺中，蠡如奇峰，联如叠巘，列如萃岫，隐见不常。移时，城郭台榭，骤变忽起，如众大之区，数十万家，鱼鳞相比，中有浮屠老子之宫，三门嵯峨，钟鼓楼翼其左右，檐牙历历，极公输巧不能过。又移时，或立如人，或散如兽，或列若旌旗之饰，瓮盎之器，诡异万千。"海市蜃楼引发了人们无穷无尽的奇妙想象，它不仅为蓬莱披上了一层神秘的面纱，更成为孕育蓬莱神仙文化的源泉。古人不能科学解释这种奇妙幻景，便衍生出中国神话的两大分支之一的蓬莱

神话。春秋战国时期广泛流传渤海"三神山"的古老神话，这些被描绘得神乎其神的海上宫阙，其实正是海市景象。

蓬莱海市又称"登州海市"，自古享有盛名，在历史上频频见于记载。北宋庞元英撰《文昌杂录》中提到郡人解宾王介绍海市蜃楼的情景："余见光禄卿解宾王，说登州每晴霁，烟雾中有城阙楼阁、人物车马、鸡犬往来之状，彼人谓之海市。"沈括在《梦溪笔谈·异事》中记载："登州海中，时有云气，如宫室、台观、城堞、人物、车马、冠盖，历历可见，谓之海市。或曰蛟蜃之气所为，疑不然也。"元代地理学者于钦和全真道士马丹阳都曾记录过海市，他们的活动经历主要在胶东半岛，所记应该

蓬莱海市

也是蓬莱海市。于钦在《齐乘》中说："盖海市常以春夏晴和之时，杲日初升，东风微作，云脚齐敷于海岛之上，海市必见。见则山林、城阙、楼观、旌幢、毡车、驮马、衣冠、人物，凡世间所有，象类万殊，或大或小，或暂或久，或变现终日，或际海皆满。"马丹阳在《腊日海上见海市用东坡韵》诗中写道："海市呈空惊众目，于中唬倒白髯翁。时当腊八生异象，稀奇造化现来雄。"明代陆容在《菽园杂记》中甚至还对海市作了一番接近科学的解释："惟登州海市，世传道之，疑以为蜃气所致……观此所谓楼台，所谓海市，大抵山川之气掩映日光而成。"

宋代文豪苏轼，明代兵部尚书袁可立，清代山东学台、诗人施闰章，现代作家杨朔都曾在蓬莱阁上亲眼见到海市，并以文学家的神来之笔，写下了登州海市的不朽诗文。

蓬莱阁卧碑亭内，至今保留有苏轼《海市诗》刻石。诗中云："东方云海空复空，群仙出没空明中。荡摇浮世生万象，岂有贝阙藏珠宫。心知所见皆幻影，敢以耳目烦神工。岁寒水冷天地闭，为我起蛰鞭鱼龙。重楼翠阜出霜晓，异事惊倒百岁翁……"把一幅神山海市的绝妙画卷描绘出来，呈现给世人。

袁可立的《甲子仲夏登署中楼观海市》写得非同凡响，他在序中说："仲夏念一日，偶登署中楼，推窗北眺，于平日沧茫浩渺间俨然见一雄城在焉。因遍观诸岛，咸非故形，卑者抗之，锐者夷之；宫殿楼台，杂出其中。谛观之，飞檐列栋，丹垩粉黛，莫不具焉。纷然成形者，或如盖，如旗，如浮屠，如人偶语，春树万家，参差远迩，桥梁洲渚，断续联络，时分时合，乍现乍隐，真有画工之所不能穷其巧者。"序写得好，诗也做得妙。

诗曰："茫茫浩波里，突忽起崇墉。坦隅迥如削，瑞采郁葱葱。阿阁叠飞槛，烟霄直荡胸。遥岑相映带，变幻纷不同。峭壁成广阜，平峦秀奇峰。高下时翻覆，分合瞬息中……"

施闰章的《观海市歌小引》写得更是精细入微，惟妙惟肖："大竹盈盈横匹练，小竹湛湛浮明珠。方圆断续忽易位，明灭低昂顷刻殊。列屏复帐闪宫阙，桃源茅屋成村墟。沙门小岛更奇绝，浮屠倒影凌空虚。有时离立为两人，上者为笠下者车。恚然双扉开白板，中有琪树何扶疏。三山十洲一步地，群仙冉冉来蓬壶。神摇目眩看不定，惜哉风伯为驱除……"

蓬莱籍现代作家杨朔在他的散文名篇《海市》中，对海市蜃楼描绘得十分生动，充满了令人神往的诗情画意。文中写道："记得是春季，雾蒙天，我正在蓬莱阁后拾一种被潮水冲得溜光滚圆的玑珠，听见有人喊：'出海市了。'只见海天相连处，原先的岛屿一时不知都藏到哪儿去了，海上劈面立起一片从来没见过的山峦，黑苍苍的，像水墨画一样。满山都是古松古柏；松柏稀疏的地方，隐隐露出一带渔村。山峦时时变化着，一会山头上幻出一座宝塔，一会山洼里又现出一座城市，市上游动着许多黑点，影影绰绰的，极像是来来往往的人马车辆。又过一会儿，山峦城市慢慢消下去，越来越淡，转眼间，天青海碧，什么都不见了，原先的岛屿又在海上重现出来……"

近三十年来，蓬莱海市出现频繁。1986年，有关部门曾专门在蓬莱、长岛两地设置拍摄点，期待抓拍"海市蜃楼"奇观。此举引发人们对蓬莱海市更多的关注。此后，蓬莱海市出现时，陆续被人抓拍、记录，并

多次见诸报端媒体。

《大众日报》1987年7月4日刊文《蓬莱4月3日海市追记》："4月3日下午，蓬莱晴空万里。3时30分，庙岛群岛以南的海面上出现了一条白色光带。这时，海面上好像有无数个能工巧匠在建筑仙山琼阁，那雾气鬼使神差般地聚着、散着、变幻着。须臾，只见连接竹山岛、车由岛、长山岛、庙岛、黑山岛等岛屿的光带，逐渐加宽加厚，亮度和密度亦趋增强，并且遮住了海水与岛屿的连接线，岛屿上的岩石、山峰、建筑物等被光带遮映得模糊不清。正北偏东的车由岛、小竹山岛不知藏到哪儿去了，其它岛屿也慢慢地围上了一层白色的雾带，悬飘在离海面若干米的空中。突然，一个浅橘红色的球体，从南长山岛东边的江头（地名）升起，不到三秒钟便消失在数丈高空。接着，光带里的景物都形成了多层次的叠影。眨眼间，光带又将庙岛、黑山岛抻得很长很长……看！北长山的松山和花儿沟之间的光带上，一座赭石色的现代化的楼房正姗姗而来。楼房坐落在山坡上黑绿色的树林中，上面是蔚蓝色的天，下面是碧绿色的海，前面是连接两山的涧溪，似有溪水顺涧而下。楼房被雾霭环绕着，时而腾云驾雾，时而原地踏步，楼房的窗户时隐时现，真是妙趣横生，美不胜收！瞧！光带上又出现了一棵松树。它虽无泰山迎宾松那样高大、气派，却也秀丽、妩媚。4时10分，'松树'、'楼房'等海市幻景依次匿迹。光带似乎怀着内疚的心情，悄然逝去，庙岛群岛慢慢恢复了常态。"

1988年6月2日《大众日报》第一版报道："6月1日下午4时许，长山列岛一带的海面上突然出现了一条闪光乳白色雾带，横贯整个海面，掩盖了海上岛屿。4时许，雾带变幻成两个紫灰色岛屿。随后，又出现一座大山，山上楼亭阁榭隐约可见。4时20分，大小竹山岛方位光带复原，而西边的南北长山岛却被光带托起，直到4时30分才消逝。"

1988年6月17日，山东电视台记者孙玉平在蓬莱阁上拍摄电视片《齐鲁海疆》，恰逢发生海市，随即跟踪拍摄，从而留下一份珍贵的海市影像资料。

"6月17日上午，天高云淡，北风习习，空气清新，凉爽宜人。下午2点20分，我来到蓬莱水城东炮台上，发现海天交接处又飘来灰白色的光带。光带比昨天偏白，整整齐齐地横卧在天边。不一会儿，海面上隐隐约约有异物升起。我忽然想到平时在海边观察时，角度越低大气折射现象越明显的经验，当即撤下水城向海边奔去。……海面上原有的景物消失了，原来没有的景物出现了……只见海天交接处，迎面耸立起了一片当地人说从来没有见过的'金字塔'。随着大气折射发展成为全反射，每个'金字塔'上空又扣上了一个形状大小相似的倒'金字塔'，黑乎乎的像一座座钢筋混凝土浇筑的巨大桥墩，桥墩上部渐渐展宽，腰部缓缓收紧。一会儿，桥墩又呈'工'字形。随着蜃景变化，'工'字上下两横各沿着水平方向延伸出去，很多的'工'字连成一体，形成了一座庞大的多孔长桥。当我把镜头移向南部海面的时候，寻像器里另是一番景象：海面上空赫然出现了像双层楼台的物体。只见上层平台时大时小，忽明忽暗，与下层楼台似接非接，若断若连。楼台右侧不远处，有座单孔拱桥，一端搭在山坡上，一端伸进大海中，长长的桥面凌空飞架，样子酷似赵州桥。我把镜头缓缓拉开，眼前很像一片宁静的'湖'。时隔不足一分钟，

当我把镜头再推近单孔石桥时，悬空的桥面由宽变窄，慢慢的断裂、融化、消失了。只剩下残缺的桥墩孤零零的竖在水中。一会儿，我又从海面上寻觅到一座'古城堡'，这组建筑群，右边耸立着两座高大的方形建筑物，样子很像关隘上的古城墙，中间有一片平坦的空地，仿佛古代练兵的校场，空地中间还立着一株高大的树。建筑群左边像一座两层楼阁。开始，一股云气由左向右缓缓地漂浮游动，楼阁的上层随着向右扩展延伸，一直和空地中央的大树连接起来，好像为空地搭上了一个巨大的凉棚。后来，云气消退了，空地中央的大树变成了光秃秃的旗杆，旗杆下隐隐约约的仿佛有人影在晃动。下午五点多钟，长岛东部海面上赫然冒出了两座高山，山大得出奇，而且还在不断地往上升腾。其中一座大山，在场的当地人说，平时是看不到的。它很像百里之外，隐藏在地平线以下的大连老铁山。……长岛和庙岛之间，蜃景变幻多端，时而像海滨城市，时而又变成了陡立的峡谷，时而烟囱林立，时而楼房高耸。面对这变幻不定的景象，人们七嘴八舌，议论纷纷。'快看，那是什么？'有人惊讶的指问蓬莱'八仙居'东部海面的一团黑影。我急忙把镜头摇过来，推上去，调整焦距后，海面上一座'摩天大厦'跃然入目。大厦的层次，线条清晰可辨，更为奇特的是大厦还在不断地变换自身的颜色。开始是白色，后来变成为黑色，不一会儿又变成了白色，并且还有亮光在闪烁。这是哪来的景物？它本身是白色还是黑色？颜色为什么会自行改变？又是怎样改变的？我正在纳闷儿，背后发生了激烈的骚动。我调转镜头循声望去，只见原来长虹般的多孔长桥不见了。在动荡不定的云气中，一座苍翠的山峦上同时现出两座建筑物，前面的像亭台，后面的像楼阁，前后相依，错落有致。

一会儿，云气升腾，云气过处，楼台亭阁不断地改变着自身的造型……下午7点多钟，海市像石沉大海一样从海天交接处消失了。一切恢复了正常，然而，目睹到海市的人们都久久地不肯离去。"

中央电视台于6月19日《新闻联播》中报道这次海市后，引起国内外人士的极大兴趣，山东电视台还专门组织召开了"登州海市研讨会"。专家们分别从光学、气象学、海洋学、物理学等不同侧面对"6·17"海市作了科学论证，充分肯定这是一次极其壮观的、典型的海市蜃楼景象。

1989年8月18日，《烟台日报》第一版报道："8月14日，蓬莱又出海市了。早7时，蓬莱阁西、庙岛西南的海面上，有一条巨大的似雾非雾、似光非光的弧形光带，并出现一南北走向岛屿，岛屿的北端有一巨大的白色悬崖，有些像南长山岛的断头崖。悬崖以南是连绵起伏的山峦，两边是墨绿色的森林。山峦与大陆上的栾家口村衔接。山峦翠柏，渔村炊烟，海光天色，融为一体。悬崖以北的海面，又有几只船影，随波逐流……岛上的景物在运动，变换着形态和位置。岛屿边丛林间，闪现出十几幢平房，白墙、红瓦。忽然，岛屿的山顶，又冒出一座白色灯塔，半山腰又浮现深山寺院中多层塔楼。7点35分，海市消失了。"

20世纪90年代，海市出现也有过多次记录。其中1990年7月7日、1990年8月9日、1993年5月6日、1999年6月16日这四次海市持续时间较长，影像也较清晰。

进入新千年以来，海市出现依旧频繁。2001年7月17日《人民日报》海外版第六版报道："7月5日傍晚，蓬莱阁上空云蒸霞蔚，19时海市奇观便如同一幅清晰度极高的山水画卷，呈现在人们面前。从这幅宽广壮

丽的'画面'上看，前面是微波荡漾的碧水，后面是被碧水环绕的城市，'画面'的中央部分宛如鳞次栉比的城市建筑群，宽广的城区道路清晰可见，时有'天人天马'走动穿梭。'画面'的左边是宁静的港湾，船儿点缀其间；右边既像绵延千里的葱绿茂盛的热带森林，又像远望的山野村庄。20时10分这一'天象'渐渐暗淡，20时30分在海风中慢慢飘失。"

2003年6月2日《今日蓬莱》报道："5月30日17时许，在蓬莱阁西、田横山北部海域附近出现海市现象。是时，阁外略阴有薄雾。海市初起，立于丹崖山巅，阴风徐徐，北望田横山，见田横山北海面渐渐升起，凭空叠出一层海面，隐约可见的田横山也仿若派生出新景随着新海面的升起慢慢向西方飘移，且渐渐清晰明朗起来，形成海中的山阁亭台和田横山实景相对映。天慢慢晴朗起来，雾气渐散，海中的仙山琼阁也随之消融于海上，前后持续约40多分钟。"

2003年8月29日新华网山东频道报道："8月29日清晨5时20分，在蓬莱阁东北方向海天交界处，突然红光乍现，出现了一条光亮的带状物，并迅速不断向两端延伸。10分钟后，带状物颜色变紫，一片郁郁葱葱的原始森林骤然呈现在众人眼前，'森林'从东到西绵延几十公里，其中似有一些像长颈鹿的动物隐现。逐渐地，'森林'树丛中有山峰依次隆起，景象色彩越发青翠起来，并变得层峦叠嶂，云雾缭绕。18时起，群峰渐渐隐去，在蓬莱阁隔海相望的南长山岛以北，又有一座酷似'南长山'的岛屿从海中慢慢涌起，瞬间凝结，让观看的人如在梦幻之中。诡秘绮丽的海上奇景持续了大约90分钟，到早上7时左右，慢慢隐退到了澄明一色的海天之间。"

2005 年 5 月至 12 月，蓬莱海面先后出现七次海市蜃楼奇观，是 21 世纪以来出现次数最多的一年。其中 5 月 23 日发生的海市，被蓬莱电视台记者吴鸿飞全程拍摄记录。

"5 月 23 日，前些天刚下过雨的海滨空气清爽宜人，天空湛蓝，海面风平浪静，碧波微荡，远处景致轻轻的薄纱微罩，海面上泛着一层薄雾。下午 2 点左右，海面薄雾渐渐开始退去，能见度越来越高，海中远处的岛屿清晰可见，海域上空零星出现几抹浅黄色云雾，并逐渐转白，长岛海域出现一抹浅白色的带状云雾。下午 4 点 50 分，蓬莱阁景区以东海域上空出现一道天幕，上面逐渐映衬出一座城市的轮廓，悬浮在浩瀚的海面上，巍巍壮观的奇特景象让人们赞叹不已。这奇特的景观随着时间的变化时高时低，不断变幻，城市的轮廓越来越清晰，虚幻的景致前面是微波荡漾的碧水，后面是被碧水环绕的城市，在鳞次栉比的高楼大厦之间，一座灯塔清晰可辨，并时有塔吊夹杂其间。远处的建筑、近处的渔船，让人辨不清哪处是真、哪处是幻。最左面一座庙宇式建筑，逐渐转换成海边小岛，继而变成高楼。与之相邻的灯塔也变了最初模样，塔尖渐成人形，并由端坐的佛像变幻成古代的勇士，画面的右边像是绵延的森林，又恍若散落的村庄。中间的房屋上空隐约出现一座十字架，一圆形球体在右临的南长山岛上方出现，周围岛屿也不断变化，时而如被削平的山头，时而如千孔万洞的桥梁。至下午 6 时，这一奇观逐渐变亮变白，更加清晰，并出现三处熠熠闪光的亮点，右下方则有一处移动的光点时隐时现，直到下午 6 点 30 分后开始渐渐暗淡。晚上 7 点，持续了两个多小时的海市奇观在海风中慢慢飘失，一轮火红的落日映红了整个海面。"

2006 年 10 月 14 日新华网报道："10 月 12 日早晨，蓬莱北部海滨薄雾渐退，海平面上空出现乳白色带状云雾，蔚为壮观。8 时许，原本空旷的海面上徐徐飘来'琼楼玉宇'，展开一幅异常美丽的画面：画面右边片片楼群，连绵数十公里，楼群的白墙红瓦、门窗清晰可见，如同一幅别致、美丽的城市画卷，楼群的右方是两艘巨轮，其中一艘为黑灰色油轮，另一艘是银白色货轮，两艘轮船均披浪疾驶，船体四周泛着波浪。画面左边是一片港口，码头上的塔吊紧张作业、船只正繁忙装卸。画面前面渔船行驶、海鸥飞翔，与海市相呼应，虚虚实实，实实虚虚，叫人分不清哪些是真实，哪些是虚幻。更令人称奇的是，楼群中一座小楼多次变幻形状后，像长了脚似的自西向东快速飘移，与另一座楼房重叠后又继续向东踏浪而去，并与万吨巨轮'擦肩而过'，恰似天上琼楼，让人叹为观止。"

2009 年 4 月 15 日中国日报网报道："4 月 14 日下午 4 时许，蓬莱北部海面云雾缭绕，随着气温下降，海天之际雾气渐浓，长山列岛被渐渐地拉伸、互相靠近，最后连接到了一起，如船如桥，如静如动。这时，海面出现了几个从未见过的小岛，这些小岛忽隐忽现，忽高忽低，忽尖忽平，忽浓忽淡，不断变换着。海上清风掠过，天空犹如拉开一幅大幕，一座城市若隐若现，细看似琼楼玉宇林立，街市车马穿梭；护城河舟楫泛波，城阙间人影绰绰……一时间，重重叠叠八百里，巍巍峨峨连天际。景象宏伟，图像清晰，令人称奇。"

今天，人们对海市有了更加科学的认识。海市是一种大气光学现象。光线经过不同密度的空气层发生显著折射或全反射时，会把远处景物显

示在空中或地面，从而形成各种奇异景象。空气在不同的温态中分别呈不同密度：温度高则空气密度小，温度低则空气密度大。光线通过这些因不同温度而形成不同密度的空气时会发生不同角度的折射。在自然状态下，由于日光、风力、地貌、地表物体质地（吸热程度不同）等因素的影响，环境中空气水平各层面常存在不同的温态和不同的密度态，光线透过这些空气层时也会发生折射或反射现象，只是人们不易察觉而已。

海市因显示时相对于地平线（海平面）所处的位置不同，大体可分为上现海市和下现海市两种。上现海市显示在空中，为两次或两次以上反射成像，是由空气层温度下低上高、密度下大上小造成的，多反映远方景物的正影像（有时也同时出现倒影像），一般发生于海面。下现海市则相反，它显示于地平线或海平面，为一次性反射成像，是由空气层温度上低下高、密度上大下小造成的，多反映远方景物的倒影像或变形，一般发生于沙漠地区。这两种海市由于成因和反射的景物不同而有较大差异：上现海市景像内容丰富，变化多端，具有极高的观赏价值，维持时间短；下现海市则景像内容单一，变化少，持续时间较长。蓬莱海市即属上现海市。

海市赖以生成的关键，取决于三个基本条件，即气候条件、水文条件和地理条件。一般说来，只有地理、气候和水文条件中某种特定的状态同时具备，才能促使海市现象的生成。

蓬莱海市出现频率高，在海内外享有盛名。这是由蓬莱独特的地理、气候和水文条件决定的。

蓬莱地处胶东半岛最北端，北濒渤、黄二海，有辽东半岛、朝鲜半岛和日本群岛所环绕，与纵贯渤海海峡的长山列岛隔海相望，独特的地

理条件为海市出现准备了借以反射的客观景物。蓬莱海市多发生于春夏之交。这时的蓬莱是西伯利亚寒冷气流影响已减弱、太平洋暖湿气流影响未至的间隙时期，风雨日少，光照充足，海面空气层相对稳定，加之海面日光的反射作用，气温迅速回升。这种气候条件有利于在海面形成比较稳定、规整的气温水平分布层面。暮春初夏季节，蓬莱海域又形成海市出现的水文条件：渤海是我国第一大内海，这一地区沿海潮汐属正规半月潮，每半个月形成一个潮时周期，朔望日后一二日为大潮汐，潮差可达 1.69 米。春夏之交，每值大潮汐，海峡中涌动的海流将底层海水连同低温带出水面，与海水接触的低层空气温度也就比较低，形成下层空气温度低于上层空气温度、下层空气密度大于上层空气密度的逆温现象。长山列岛就处在这个逆温层的包围之中。在逆温的影响下，空气密度由海面向空中迅速减小，比通常空气密度向上减小要多得多。于是周边陆地及长山列岛等所反射的光线便发生了弯曲，形成各种光怪陆离的奇异景象——海市出现了。

根据海市出现的一般规律，于较少发生逆温现象的秋冬季节里，在蓬莱很难看到海市。正因为如此，人们对苏东坡老先生的那首流芳千古的《海市》诗便颇多疑问。早在明代陆容就委婉地批评这位文学前辈，在岁晚时节祷海神得见登州海市或许是戏谑之词，然而，金元时期的全真道士马丹阳也曾于腊日见到过海市。由此可见大自然变幻无穷，毕竟难以把握，也许这正是海市奇观的魅力所在吧。

二、天然胜景

1.黄渤海分界线与神龙分海坐标

田横山位于山东半岛的最北端，西北角的山崖突入海中，在地理上称为"蓬莱岬"或"登州岬"。这里与辽东半岛最南端老铁山相对，黄、渤两海的浪潮，由海角两边涌来，交汇在这里，东部黄海部分水是深蓝色，西部渤海部分水显得浑浊，略呈微黄色，形成明显的黄渤海分界线。经中国人民解放军海军航海保证部的精确测量，蓬莱岬为黄渤海分界线的南端起点，黄渤海分界坐标，便是根据海军航海保证部测定的东经120° 44′ 33.3″与北纬37° 49′ 50.2″交叉点建起的。

黄渤海分界坐标设计新颖精巧，匠心独运，两条盘曲而上的巨龙，象征黄、渤两海，故坐标又称为"神龙分海"。两龙共衔一珠，象征蓬莱，同时也是黄渤海分界点。二龙戏珠，吉祥如意，景上添花，黄渤海分界坐标，展现出华夏图腾艺术的美感，为山海风光再添佳景。

黄渤海分界坐标

黄金海岸

2. 黄金海岸

蓬莱市北临渤、黄二海，地理位置优越，山光水色独特，海岸线长60公里，基岩海岸与沙质海岸兼备。位于蓬莱阁以东至八仙渡海口的月牙形自然海湾，岸滩长2公里，海湾沿岸花圃、绿林环抱，环境优美，湾内波平浪静，海水湛蓝清澈，滩坡平缓，沙质柔细，是理想的海水浴场、水上运动场所，有"黄金海岸"之美誉。盛夏时节，这里游客日流量数万人次，构成了蓬莱山、海、阁、城于一体的自然画卷。沙滩上更衣室、淋浴房、栈桥、凉亭等附属建筑和各种配套服务设施完备，是游客游览、沙滩娱乐、休闲度假的胜地。

3. 三台石

在天后宫前院的戏楼两侧各有赭红色巨石三尊，两两相对，是当年劈山建阁时特意留下作为风景点缀的。平面布局形似三台星座，被清乾隆年间山东学政阮元命名为"三台石"，并刻石嵌于天后宫前殿东围墙南壁上。嗣后，道光年间登州知府张辖因六石排列形式如同易经中的八卦之一坤卦（"爻"是易卦的基本符号，八卦的变化取决于爻的变化），且位处祀奉女性海神的庙内，故又名曰"坤爻石"，并勒石作记，存于戏楼南侧。还有一种说法：古登州有航海至高丽者，遇异人，得六松，归来植于庙前，一夕皆化为石，即今三台石。郡人建亭以记，立《松石亭记》碑，碑今存于戏楼南侧。

4. 神异的奇礁怪岩

八仙礁 在田横山后海，有着成片的岩礁群，它们或与山体相连，或突兀海中，受海浪冲刷，岩破石穿，形态各异。其中的一块因其轮廓形似漂洋过海的八位仙人，被人们称为"八仙礁"。

传说八仙在蓬莱阁上饮酒作乐，酒酣之后，各持法器走向大海，在风涛海浪里显示各自的神通，不一会儿便漂向了遥远的海天相接处，而他们的形骸却羽化成八块礁石。这片礁石，已经被海浪冲刷出一副沧桑模样，但是仔细辨认，张果老的驴子，铁拐李的丫丫葫芦，以及八位仙人或卧或仰、或坐或立的形态依稀可辨。

金龟礁 "八仙礁"前面有一块孤立的岩礁，颇像一只巨大的海龟蹒跚离岸，被人们称为"金龟礁"。传说黄海、渤海两位龙王曾在此聚会，划定了两海界限之后，决定让他们的一位龟将军在这里盘踞，以作为黄、

渤海分界的永久性标记。于是，这只龟将军便奉命守候在这里，长年累月恪尽职守，最后化成了这块岩礁，形成了这"金龟探海"的天然奇观。在它的背上，还留有龙王"一足跨二海"的脚印。

凤凰礁　"凤凰礁"位于老虎洞的西侧，整块礁石如同一只展翅欲飞的凤凰，它那背山面海，引颈长鸣的形态，似乎在告诉世人"欲界仙都"就在蓬莱。

回仙洞　"回仙洞"位于田横栈道东端，洞口四周岩石嶙峋，洞内有泉水，清澈透凉、甘甜可口。传说当年八仙过海时，正待过海的张果老等众仙感到口渴，可是海水又苦又咸，到哪里找寻淡水解渴呢？正在无奈之际，已经飘然入海的铁拐李回转身形，举起拐杖，对准峭壁信手戳去，霎时岩壁出现一个洞穴，从洞内流出泉水，众仙解了口渴，潇洒漂洋过海而去，因此便留下了这"回仙洞"。

老虎洞　"老虎洞"位于田横栈道西侧悬崖下，如一只猛虎蹲伏于湛蓝色的大海中。当年这里发生过这样一段动人的故事。明洪武年间，登州海面常有海盗出没，他们打劫渔船、袭扰地方，百姓深受其害，叫苦不迭。水城有一义士名叫王老虎，此人自小习武，性情豪爽耿直、疾恶如仇。这天，他聚集几位武艺高强、熟识水性的伙伴商量，要给海盗一点颜色看看。他们选准一个月黑之夜，乘小木船隐藏于洞中。夜深时，海面上驶来一只贼船，他和伙伴们拼力将小木船划向贼船。王老虎手持大刀，一声雷吼，纵身一跃跳上贼船，海盗猝不及防，已成为王老虎的刀下之鬼。黎明，闻讯赶来的渔民们看到海盗尸漂海上，血染大海，欢声四起。人们有感于王老虎为民除害的勇敢行为，从此便把这个洞叫做"老虎洞"。

弹子涡　田横山下东起八仙礁，西迄凤凰礁的礁石海岸中，有一天然

石洞。每当海潮退落，石洞半露出水面的时候，可见在狭小的洞内有两枚淡黄色的卵石，平日里随着海浪的冲击微微浮动，相互间摩擦碰撞，不时发出"咯咯"的响声。石洞周围的水中，也布满了大大小小的卵石，玲珑别透，圆润可爱，好似珍珠玛瑙。宋代苏东坡在《遗垂慈堂老人》一诗的序中写道："蓬莱阁下，石壁千丈，为海浪所战，时有碎裂，淘洒岁久，皆圆熟可爱，土人谓此弹子涡也。"这便是为古今人们所津津乐道的"弹子涡"。

相传，洞内的两枚卵石本是东海龙王爱不释手的两只宝珠。只是他不忍面对世间凡人的辛苦，为了镇住海上的狂风巨浪，福佑渔民生活平安，才指使海神将宝珠放进涡里。经过世世代代海浪的冲击、淘炼，这两只宝珠竟也通了灵性。附近星星点点的小卵石，就是它们繁衍的子孙后代。

三、蓬莱阁八景

蓬莱旧志辑有《蓬莱十景》，以为地方风景名胜之典范，其中八景与蓬莱阁风景区有关，至今仍为著名景观。现依旧例录之，名之为《蓬莱阁八景》。

1. 仙阁凌空

蓬莱阁高踞丹崖极顶，其下断崖峭壁，偶有海雾飘来，层层裹缠山腰，游人置身其间，但觉脚下云烟浮动，有天无地，一派空灵，直欲乘风飞去。远望楼阁飘摇，宛若空中景象，恍如尘世界外，引人无限遐思。前人诗云："神仙自有楼居兴，不向人间示姓名。"

2. 狮洞烟云

丹崖山阴，削壁欲倾，紫石峥嵘之间，更有天然石洞，洞口巨石伏卧，状若雄狮，威风凛凛，因名为"狮子洞"。每当阴雨将至，常有雾霭逸出，如轻纱玉练，缠绕丹崖山畔，煞似一幅绝妙的水墨丹青。洞口狭窄，仅可通人，前行数步，俨然宫室，洞内旧有仙人石像五尊，故又名"仙人洞"。前人诗云："蓬莱自有神仙窟，何必区区望十洲。"

3. 渔梁歌钓

蓬莱阁下海中，道道礁石，高出水表，如翘如跃，名曰渔梁。清风徐来，水波不兴，礁石上时有三五老翁，垂纶而钓，掬水而烹，鱼肥蟹鲜，把酒盈樽，渔歌呼应，怡然自得。一派恬淡情韵，大似桃花源中世界。前人诗云："欸乃四时渔兴乐，太平景象在烟波。"

4. 日出扶桑

蓬莱阁上，晨起东望，天色晴明，海天相际之处，初浮光耀金，冉冉而上，倏离披璀璨，遍海皆赤而日出矣。清代诗人施闰章对此更有极细致的描写："日初出时，一线横亘，如有方幅棱角，色深赤，如丹砂。已而，焰如火，外有绛帷浮动，不可方物。久之，赤轮涌出，厥象乃圆，光彩散越。不弹指而离海数尺，其大如镜，其色如月矣。"前人有云："东方混沌无生计，惟有旭阳先照临。"

5. 晚潮新月

日出热烈，月升清幽，夜色微阑之际，登阁而眺，但见海天一色，万

籁俱寂；冰轮新出，波心掩映，高悬夜空，皎洁如银；蓦然，一声飞鸥啼鸣，更觉海天深邃，引人遐思，确是画意诗情，世外境界。前人诗云："海若亦知人意净，故教水月洗灵心。"

6. 神山现市

即蓬莱海市，古称"登州海市"，又称"渤海海市"。是由于大气光学现象而在海面上生成的各种奇异景象，自然造化，鬼斧神工，瑰丽玄妙，变幻莫测，确为山海之异景，天地之奇观，目睹者无不为之倾倒。古往今来，蓬莱海市盛名天下，成为蓬莱仙境最令人神往的魅力所在。前人有云："倏忽不知人换世，乍观蜃市各惊心。"

7. 万里澄波

蓬莱阁东、北、西三面环海，风恬浪静时，登阁眺望，目力所及处，一碧万顷，当地俗呼为"镜儿海"。水面涟漪不动，令人心旷神怡，是一道陶冶性情的绝佳美景。前人有诗赞曰："森森无垠天宇宽，涟漪不动碧光寒。难凭一叶云中度，止有三山镜里看。"

8. 万斛珠玑

蓬莱阁上俯瞰海岸，只见丹崖峭壁下卵石累累，珠圆玉润，似珍珠玛瑙，光怪陆离，璀璨照人。每当潮落，珠玑铺岸，迤逦东西，不见尽头。宋代苏东坡在此为官时，就对这里的卵石十分喜爱，不仅把玩欣赏，还取数百枚养石菖蒲、赠送挚友。并留下了"我持此石归，袖中有东海"，"置之盆盎中，日与山海对"的佳句。

第七章　大事记

1. 唐代至清代

唐

唐贞观年间（627—649年），渔民在丹崖山巅建广德王庙（即龙王庙）；僧人在丹崖山南麓建弥陀寺。

唐神龙年间（705—707年），登州治所迁蓬莱，位于丹崖山下的登州港成为北方著名港口。

唐开元年间（713—741年），道人于广德王庙东建三清殿。

宋

宋庆历二年（1042年），登州郡守郭志高修筑刀鱼寨，停泊战船。

宋嘉祐六年（1061年），登州郡守朱处约迁广德王庙（即龙王庙）于西侧（今龙王宫处），就原址起建蓬莱阁。

宋元丰八年（1085年），苏轼知登州军州事，登临蓬莱阁，作《望海》、《海市诗》、《北海十二石记》等诗文。

宋崇宁年间（1102—1106年），于蓬莱阁西偏，建"灵祥宫"祀海神。

金

金皇统年间（1141—1149年），重勒苏轼《海市诗》刻石。

元

元中统年间（1260—1264年），修葺龙王宫。

明

明洪武九年（1376年），在宋刀鱼寨基础上建水城，"绕土城，周三里许，城高三丈五尺，厚一丈一尺，西北跨山，东南濒河，南一门"。并立帅府于此。名"备倭城"，又称"水城"。

明洪武年间（1368—1398年），在水城内设置备倭都司。

明洪武十八年（1385年），登州卫指挥谢观修葺龙王宫，学士谢溥为之记。

明永乐十四年（1416年），都督卫青修葺蓬莱阁。

明洪熙元年（1425年），修葺蓬莱阁及其附属建筑。

明正统年间（1436—1449年），重修三清殿。

明天顺年间（1457—1464年），建太平楼（即湧月楼）。

明成化七年（1471年），永康侯徐安修葺蓬莱阁及其邻近建筑。

明正德八年（1513年），登州知府严泰于蓬莱阁西建海市亭。

明嘉靖四十四年（1565年），建戚家牌坊。

明隆庆六年（1572年），重修三清殿。

明万历七年（1579年），重修天后宫。

明万历十五年至十七年（1587—1589年），巡抚李戴倡捐，戚继光等人捐资，宋应昌修葺蓬莱阁。"规画宏敞，视旧贯什倍之矣。"三年工竣。

明万历十八年（1590年），建多寿亭。

明万历二十四年（1596年），总兵李承勋在水城土墙外包砌砖石加固城墙，增敌台三座。

明万历三十一年（1603 年），三清殿、白云宫毁于火，总兵李承勋捐资重建。

明万历三十八年（1610 年），建松石亭。

明万历四十五年至四十七年（1617—1619 年），参政李本纬、登州知府徐应元重修龙王宫，修葺水城。

明崇祯四年至六年（1631—1633 年），孔有德发动"登州事变"，蓬莱水城及蓬莱阁损毁严重。

明崇祯八年（1635 年），建戚继光祠堂。

明崇祯九年（1636 年），登州太守陈钟盛倡修蓬莱阁；维修水城城垣及海神诸庙。

明崇祯十一年（1638 年），张万宪建苏公祠。

清

清顺治年间（1644—1661 年），防院朱国柱重修三清殿、白云宫。

清顺治十六年（1659 年），徐可先在水门口增置铁栅门。

清康熙三十一年至三十三年（1692—1694 年），登州知府任璇建卧碑亭。

清康熙四十六年（1707 年），重修戚继光祠堂，并于祠堂东院建"忠"、"孝"碑刻及碑亭。

清康熙年间（1662—1722 年），建万民感德碑亭。

清乾隆五十八年（1793 年），修葺水城。

清嘉庆二十四年（1819 年），登州总兵刘清修葺蓬莱阁，建蓬莱阁东西厢房、东西配殿；重修宾日楼、海市亭、弥陀寺。

清道光元年（1821 年），修葺关门口。

清道光十六年（1836 年），天后宫失火，焚毁庙观四十八间。

清道光十七年（1837 年），登州知府英文重建天后宫及其附属建筑，改额"显灵"，勒石以记。

清道光十八年（1838 年），登州知府英文重修白云宫。

清道光二十年（1840 年），修葺水城。

清同治元年（1862 年），修葺水城。

清同治三年（1864 年），修葺水城城垣。

清同治四年（1865 年）七月，风雨暴作，丹崖山倾圮，蓬莱阁岌岌欲坠。

清同治四年至六年（1865—1867 年），登州知府豫山募资修缮蓬莱阁，修补山城，并将苏公祠由蓬莱阁南迁至蓬莱阁东今址；又于避风亭西北建屋三楹，是为澄碧轩。

清同治七年（1868 年），登州府同知雷树枚建灯塔于蓬莱阁东北丹崖山绝壁上。

清同治七年（1868 年），重修平浪宫。

清光绪元年（1875 年），修葺水城。

清光绪二年（1876 年），山东巡抚丁宝桢、登州知府贾瑚、总兵王正起于宾日楼南接建吕祖殿，附设东、西厢；又于东厢南端建"望海亭"（即观澜亭）。

清光绪六年（1880 年），重修戚继光祠堂。

清光绪六年至十年（1880—1884 年），重修天后宫。

清光绪七年（1881 年），登州知府贾瑚、知县江瑞采重建迎仙桥。吴长庆重建仲连祠。

清光绪七年（1881 年），重修平浪宫。

清光绪二十一年（1895 年）1 月 18 日，日舰炮击蓬莱阁，弹中蓬莱阁北壁外"海不扬波"刻石，"不"字受损，伤痕至今可见，而内壁灰皮也遭震落，壁上南海才子招铭山所绘《墨竹图》从此绝迹人间。

2. 中华民国

1921 年，直鲁豫巡阅使吴佩孚重修戚继光祠堂，并题"吾将私淑"。

1929 年春，军阀张宗昌、褚玉璞与刘珍年部在胶东对峙，张、褚所部盘踞水城、蓬莱阁及其邻近建筑，文物古迹遭到严重破坏。

1934 年 5 月，冯玉祥游览蓬莱阁并题"碧海丹心"。

1935 年春，于学忠捐资打龙井。

1935 年，维修戚继光祠堂。

1937 年，日军飞机轰炸蓬莱，天后宫院内戏楼、龙王宫前殿中弹焚毁。

1941—1945 年，太平楼、平浪宫等建筑毁于战火。

1947 年秋、冬，进攻胶东的国民党军盘踞蓬莱阁上，因修工事和起火造饭、取暖之用，阁中木匾、楹联损失殆尽；同时对水城城墙破坏严重。

1949 年 8 月，解放长岛战役，解放军指挥所设在蓬莱阁上。

3. 中华人民共和国

1956 年，维修龙王宫、天后宫、白云宫山门。水城小海清淤。

1957 年，维修蓬莱阁二层楼板及回廊；修复天后宫、龙王宫、三清殿内部分塑像；维修弥陀寺，重修感德碑亭。

1958 年，改建灯楼为三层；改建小海上吊桥为活动木板桥。

1959 年，维修天后宫及其附属建筑，重建戏楼和钟、鼓二楼。

1960 年 8 月 13 日，叶剑英元帅游览蓬莱阁，并题联。

1962 年，维修蓬莱阁。

1964 年，维修水门口炮台、弥陀寺；水城小海清淤，中间木桥改建单孔石桥。

1964 年 8 月 14 日，国家副主席董必武游览蓬莱阁，并题诗。

1965—1966 年，维修蓬莱阁。

1966 年，文化大革命运动开始，天后宫、龙王宫、三清殿、吕祖殿等建筑内的塑像全被拉倒，董其昌手迹刻石被砸得漫漶不清，铁保"蓬莱阁"字匾也被铲去上下款；戚继光祠堂内"忠"、"孝"碑刻被砸毁、碑亭亦毁；"父子总督"、"母子节孝"牌坊遭到损坏，局部构件被毁。

20世纪60年代，水城南城墙、东城墙南段，被水城村居民盖房时陆续破坏。

20世纪70年代，西城墙南段被改造为通往蓬莱阁的旅游道路。

1973年，维修澄碧轩、避风亭。

1977年11月24日，戚继光祠堂与戚家牌坊被蓬莱县人民政府公布为县级文物保护单位。

1978—1979年，维修三清殿、弥陀寺、天后宫正殿和寝殿。

1980年9月25日，设立蓬莱阁管理所、蓬莱县文物管理所，合署办公。

1981年，重建丹崖仙境牌坊；重塑三清殿塑像。

1982年2月23日，蓬莱水城及蓬莱阁被国务院公布为第二批全国重点文物保护单位。

1982—1983年，维修水城西北角城墙，天后宫油漆彩绘，重塑天后宫塑像。

1984年，维修龙王宫、重塑龙王宫塑像；改弥陀寺为接待室。

1984年3—5月，对水城小海开展有史以来规模最大的清淤，清除淤泥22万立方米，出土一艘古代战船及大批文物；重修小海护坡1380米；改小海中间单孔石桥为活动铁板桥。

1984年，搬迁水城小海东岸居民86户，修建古市一条街。

1985年，将戚继光祠堂收归国有，蓬莱阁管理所负责管理，同年对祠堂进行整修，并对外开放。

1985年，对戚家牌坊损毁部件进行修补。

1986年7月26日，设立蓬莱阁管理处。

1986年，维修水城振扬门段城墙，重建振扬门城门楼。

1986年，维修蓬莱阁主阁，更换檐柱，改屋面灰瓦为黄琉璃瓦。

1987 年，重建太平楼、平浪宫、涌月亭、点将台及新建戚继光塑像。

1987 年，重立戚继光祠堂内"忠"、"孝"碑。

1987 年 4 月 27 日，戚继光祠堂被烟台市人民政府公布为烟台市级文物保护单位。

1988 年 6 月 30 日，全国人大常委会委员长彭真游览蓬莱阁。

1988 年 8 月 21 日，中共中央总书记、中华人民共和国主席（时任上海市委书记）江泽民游览蓬莱阁。

1989 年，设立戚继光祠堂管理所。

1989 年，在水城关门口架设钢骨架木板天桥。

1990 年 8 月 6 日，全国人大常委会委员长万里游览蓬莱阁。

1990 年，建登州古船博物馆，展出小海出土古船及文物。

1991 年 7 月 12 日，国务院总理（时任国务院副总理）朱镕基游览蓬莱阁。

1991 年 10 月 28 日，国务院总理李鹏游览蓬莱阁。

1992 年，维修加固水城东炮台，修补小海护坡。

1992 年 6 月 20 日，戚继光祠堂与戚家牌坊被山东省人民政府公布为山东省文物保护单位。

1993 年 7 月 26 日，原国家主席华国锋游览蓬莱阁。

1993 年，重建龙王宫前殿、后殿，并重新塑像。

1993 年，维修子孙殿并塑像；维修吕祖殿并塑像。

1993 年 8 月 8 日，蓬莱阁跨海观光索道投入运营，设立索道管理所。

1994 年 5 月 26 日，设立蓬莱阁旅游区管理委员会、蓬莱市文物管理局，合署办公。

1994 年，维修水城西北角城墙。

1995 年，于蓬莱阁古建筑群入口处新建"人间蓬莱"牌坊。

1995 年，拆除小海活动铁板桥，新建跨小海五孔石拱桥——登瀛桥，重修北小海西侧码头。

1995 年 7 月 8 日，水师府（戚继光纪念馆）对外开放。

1996 年 5 月 26 日，蓬莱阁全周影院对外开放。

1996 年 11 月 20 日，戚家牌坊被国务院公布为全国重点文物保护单位，归入蓬莱水城及蓬莱阁。

1996 年，对蓬莱阁丹崖山岩体采用锚杆、锚索加固和挂网喷浆、砌筑支护等技术进行保护。

1996 年 11 月 19 日，设立蓬莱阁管理处。

1997 年，对蓬莱阁古建筑群内历代碑刻进行化学保护。

1998 年 10 月 1 日，黄渤海栈道、田横山文化公园对外开放。

1998 年，重建水城振扬门木结构城门楼。

1999 年，修复水城东城墙北段 151 米城墙。

1999 年 3 月，将戚继光祠堂、戚家牌坊周边 120 户居民搬迁，恢复戚继光故里。同年，撤销戚继光祠堂管理所，成立戚继光故里管理处。

2000 年 6 月 19 日，戚继光故里对外开放。

2000 年 8 月 28 日，登州博物馆对外开放。

2000 年 9 月 7 日，全国政协主席李瑞环游览蓬莱阁。

2001 年，维修弥陀寺，重塑 33 尊塑像。

2001 年，维修蓬莱阁主阁，恢复灰瓦绿琉璃瓦剪边屋面。

2003 年 6 月 25 日，全国政协主席贾庆林游览蓬莱阁。

2003 年，对戚家牌坊残缺和损毁构件修补，并进行化学保护。

2003 年，根据《蓬莱水城和蓬莱阁保护规划》方案，搬迁水城居民 564 户，迁移渔船 275 艘，拆迁面积 9.15 万平方米。

2003 年，维修胡仙堂，重塑 3 尊塑像。

2004 年 8 月 7 日，原国务院总理朱镕基游览蓬莱阁。

2003—2004 年，修复水城东城墙南段 519 米。

2004 年，修复仲连祠，塑鲁仲连像。

2004—2008 年，复建三官庙，重塑 18 尊塑像。

2004—2005 年，修复水城南城墙 326 米。

2005 年 3—11 月，水城小海清淤，加固周边护坡。并由山东省文物考古研究所、烟台市博物馆、蓬莱市文物局组成考古队，配合水城小海清淤工程，发掘出土三艘元、明时期古船。

2005 年，重建关门口天桥，桥面加宽改为双向通行。

2005—2006 年，修复水城西城墙南段 620 米。

2005—2009 年，重建水城内备倭都司府。

2006—2007 年，重建水城南营和水城东营。

2007 年，对蓬莱阁古建筑群内历代碑刻进行第二次化学保护。

2007 年，对蓬莱阁丹崖山岩体再次采用锚杆、锚索加固和砌筑支护等技术进行保护。

2007 年，维修加长、加宽、加固水城水门口外防波堤 150 米。

2007 年，维修水城西城墙北段 230 米。

2007 年，对关门口城墙基础进行加固。

2008—2010 年，兴建蓬莱古船博物馆，重建水城西营。

2009 年，维修弥陀寺前殿，龙王宫前、后殿，戏台，观澜亭。

2010 年，维修太平楼。

2010 年 6 月 29 日，备倭都司府对外开放。

2011 年，维修龙王宫东厢，天后宫正殿东西厢房。

第八章　附录

1. 蓬莱阁景区管理机构设置

机构名称	级别	负责人	下设科室
1980 年 9 月 25 日设立蓬莱阁管理所、蓬莱县文物管理所，合署办公	事业单位（股级）	崔成善（1980.9—1984.4）	在职员工 35 人
		丁 平（1984.5—1986.7）	在职员工 59 人
1986 年 7 月 26 日设立蓬莱阁管理处	事业单位（副科级）	曲连福（1986.8—1989.12）	在职员工 93 人
		赵洪海（1990.1—1992.3）	行政科、导游科、财务科、文物科、保卫科、园林科、经营科、戚继光祠堂管理所 在职员工 397 人

1992 年 4 月 28 日设立蓬莱阁管理处	事业单位（正科级）	凌丽华（1992.4—1994.5）	办公室、导游科、财务科、文物科、保卫科、园林科、经营科、后勤科、登州古船博物馆、田横山管理所、戚继光祠堂管理所 在职员工 466 人
1994 年 5 月 26 日设立蓬莱阁旅游区管理委员会、蓬莱市文物管理局，合署办公	事业单位（正科级）	凌丽华（1994.5—1996.11）	办公室、导游科、财务科、文物科、保卫科、园林科、经营科、后勤科、登州古船博物馆、水族馆、振扬门管理所、稽查科、田横山管理所、戚继光祠堂管理所、惊险游乐城、激光枪战城、索道管理所、全周影院 在职员工 504 人
1996 年 11 月 19 日设立蓬莱阁管理处	事业单位（正科级）	凌丽华（1996.12—1998.11）	科室设置同上 在职员工 508 人
		杜景章（1998.12—2002.12）	办公室、导游科、财务科、文物科、保卫科、后勤科、园林科、稽查科、联络营销科、环管科、登州古船博物馆、登州博物馆、田横山管理所、索道管理所、全周影院、戚继光故里管理处、振扬门管理所、旅游车队、蓬莱市文化广场管理处、海滨公园管理所、蓬莱市艺术团、蓬莱市旅游咨询中心 在职员工 506 人
		张守禄（2003.1—2004.9）	科室设置同上 在职员工 515 人
		孙传威（2004.10—2008.7）	科室设置同上 在职员工 487 人
		寇润平（2008.8—至今）	科室设置同上 在职员工 484 人

2. 蓬莱阁景区获得国家级荣誉称号

1988年，被国务院批准为"国家重点风景名胜区"。

1991年12月，被国家旅游局提名中国旅游胜地四十佳单位。

1998年，被中央精神文明建设指导委员会授予"全国创建文明行业"先进单位。

1998年6月，共青团中央授予蓬莱阁导游科"全国青年文明号"。

1998年，被国家文物局评为"以文补文"先进单位。

1999年，被中华全国总工会授予"全国五一劳动奖状先进集体"称号。

2001年2月，被国家旅游局评为国家首批4A级旅游景区。

2006年6月，戚继光故里被共青团中央命名为第四批"全国青少年教育基地"。

2007年8月，被国家旅游局评为国家首批5A级旅游景区。

2007年12月，被中华人民共和国建设部授予"国家级风景名胜区综合整治工作优秀单位"。

2009年3月，被中华人民共和国住房和城乡建设部、中央精神文明建设指导委员会办公室、中华人民共和国国家旅游局授予"全国创建文明风景旅游区工作先进单位"。

2009年10月，国家国防建设办公室授予戚继光故里首批"国家国防教育示范基地"。

2011年11月，"蓬莱阁PLG"被国家工商行政管理总局商标局认定为"中国驰名商标"。

2011年12月，被中央精神文明建设指导委员会授予"全国文明单位"称号。

3. 蓬莱阁企业文化

服务品牌： 仙境蓬莱阁

企业标志： 图形标志

文字标志 **蓬莱阁**

蓬莱阁精神：

以阁为家　无私奉献

敬业爱岗　追求卓越

服务理念：

真诚献游客　满意在仙阁

服务方针：

规范化　个性化　亲情化

蓬莱阁景区价值观：

诚信为本　服务永久

质量、环境方针：

游客至上　以人为本　诚信经营

珍爱资源　追求卓越　立业百年

服务态度标准：

主动　热情　耐心　周到

座右铭：

游客一时不离开　服务一刻不停止

蓬莱阁人才观：

唯德唯才　有用即才

人皆为才　人尽其才

蓬莱阁团队意识：

道相同　心相通　力相聚　情相融

蓬莱阁宣传口号：

登千年仙阁　赏古港水城

蓬莱阁歌曲：

蓬莱阁

张希武 词
付 林 曲

1=B 4/4
♩=62

5. 6 3 5 3 2 2 i. | 5. 6 7 2 7 6 6 5. i. | 6 i 2 6·7 6 5 3 |
蓝 格莹莹 的海， 红 格丹丹的山， 浪 拍 礁 崖
举 步登丹崖， 放 眼望海天， 海 市 蜃 楼

3 2 i 2 - | 5. 6 3 5 3 2 2 i 2 3 | 5. 7 6 7 6 5 6 - |
声声 喧， 烟 雨 飘 渺 神 仙 阁，
出奇 观， 俯 察 水 城 古 登 州，

3 5 6 i i 2 3 5 | 3 6 2 2 i - 3 5. 6 5 3 | 3 2 7 2 7 6 5 - |
忽隐忽现出水 间， 出水 间。 飞檐雕梁 金 横 区，
抗倭御寇留大 船， 留大 船。 观日 赏月 多 情 趣，

3 5 3 6 5. | 6 i 5 3 2 2 - i. i i 2 6·i 5 6 i |
宫殿 祠轩 光 闪 闪， 避 风亭内鹅 毛 静，
拾珠 垂钓 人 忘 返， 仙 境虽是 虚 幻 境，

i. i i 2 6·i 6 5 3 | 0 6 i 2 3. 6 5 6 3 | 5. 3 2 2 7 6 |
观 调亭上眼 界 宽， 十八步 台 听传说，
尽 有真情在人 间， 蓬莱儿 女 勤劳动，

0 i 6 i i 2 3 5 | 3 6 2 i - 3. 5 6. i 7 6 | 5 - - - :|
飘洋 过 海有 八仙 有 八 仙
繁荣 生 活即 神仙。

3. 5 6 5 3 5 - - - ‖
即 神 仙。

145

编后记

　　《中华历史文化名楼·蓬莱阁》的编写是一项综合性文化工程，它涉及古代建筑、地方历史、文物考古、文学艺术等诸多门类的研究和资料积累。蓬莱阁历史悠久，是全国重点文物保护单位，自蓬莱阁成立管理机构以来，于内部便设立有文物科，担负着蓬莱阁历史及相关资料的搜集与整理，蓬莱阁是蜚声海内外的名胜古迹，从历史到今天，志书和文学作品多有记载，前人对它的研究也有着相当丰富的成果，因此本书的编撰可以说是水到渠成之事。

　　本书编写过程中采撷资料主要为蓬莱阁碑刻诗文，旧版本府志、县志，以及高英、李克等同志主编的不同版本的《蓬莱阁志》等档案文献资料。

　　限于编者的学识水平，疏漏舛误在所难免，还敬请方家同好不吝赐教。

2011 年 12 月 20 日